设计思维与表达

刘宏芹 裴琳 编著

清华大学出版社

北京

内 容 简 介

设计思维与表达是一种创新方法论，旨在通过深入理解用户需求和快速原型制作来解决问题，坚持可持续发展理念指导设计，增强社会责任意识。设计思维的核心在于将人的需求放在中心位置，通过迭代过程不断优化产品设计。设计思维不仅适用于产品设计，也适用于服务设计、社会创新等领域。表达在设计思维中同样重要，它涉及如何清晰、有效地沟通设计想法和解决方案。良好的表达能够帮助设计师向利益相关者传达想法，同时也使用户能够更好地体验和理解设计。

全书共分 6 章，系统地介绍了设计思维与表达的概念、表现形式、设计思维等内容，帮助读者提升在设计实践中的创新能力和表达水平，从而更好地应对当今快速变化的社会和行业挑战。通过学习本书，读者将能够更深入地理解设计思维的力量，并将其应用于实际问题的解决之中，进一步提升读者健康的审美价值取向，强化读者的文化自信。

本书适合作为视觉传达设计专业学生、设计师、创业者、教育工作者及对创新和设计感兴趣的人士的实用指南。

图书在版编目（CIP）数据

设计思维与表达 / 刘宏芹, 裴琳编著. -- 北京：清华大学出版社, 2025.6. -- ISBN 978-7-302-69515-8

Ⅰ. J06

中国国家版本馆CIP数据核字第20253LZ335号

责任编辑：黄　芝　张爱华
封面设计：刘　键
责任校对：王勤勤
责任印制：刘海龙

出版发行：清华大学出版社
　　　　　网　　　址：https://www.tup.com.cn，https://www.wqxuetang.com
　　　　　地　　　址：北京清华大学学研大厦A座　　　　　邮　　编：100084
　　　　　社 总 机：010-83470000　　　　　邮　　购：010-62786544
　　　　　投稿与读者服务：010-62776969，c-service@tup.tsinghua.edu.cn
　　　　　质 量 反 馈：010-62772015，zhiliang@tup.tsinghua.edu.cn
印 装 者：三河市铭诚印务有限公司
经　　销：全国新华书店
开　　本：185mm×260mm　　　印　　张：9.75　　　字　　数：222千字
版　　次：2025年8月第1版　　　印　　次：2025年8月第1次印刷
印　　数：1～2000
定　　价：59.80元

产品编号：104467-01

艺术设计的灵魂是创意，创意的来源是思维。"设计思维与表达"是在传统视觉传达专业培养的基础上探寻创意设计的方法论课程。本书从视觉传达设计发展的新形势和新特点入手引领读者了解视觉传达设计，针对艺术设计类专业应用型人才的培养目标，系统地介绍了设计思维的原理、类型、使用方法，并通过实例解析讲解了设计思维的运用，让读者能够参照性学习以提升设计思维与表达水平。

本书共分 6 章，具体内容如下。

第 1 章为创意设计与设计思维概述，阐述了创意与设计思维的概念、设计思维的来源、抽象设计思维的定义等，使读者对设计思维建立基本知识框架。

第 2 章为视觉传达设计与创意表现，从视觉传达设计概述、视觉传达设计发展史、视觉传达设计的表现要素三方面做相关阐述。

第 3 章为从观察开始的设计思维，阐述了创意设计从观察开始，观察中的情感力与观察中的认知力以及从不同视角观察的方法等。

第 4 章为设计中的图解，就头脑风暴、思维导图（泡泡图、蜘蛛图、大脑地图、鱼骨图、移动导图）两方面进行相关解析。

第 5 章为设计中的加法思维模式，就发散思维、联想思维、多湖辉思维、逆向思维、组合思维、文字游戏等进行逐一解析。

第 6 章为设计中的减法思维模式，就删繁就简、少就是多等方面做详细阐述。

本书内容理论结合实际，通过大量的图例进行讲解说明，并附有学生作业及获奖作品解读。

由于编者水平有限，书中难免存在一些疏漏之处，敬请广大读者批评指正。

编者

2025 年 1 月

目录

第 1 章　创意设计与设计思维概述

　　创意设计与设计思维是现代设计领域的两大核心概念。创意设计强调在设计过程中运用创造性的思维和方法，以产生独特、新颖且实用的设计解决方案。它鼓励设计师突破常规，挑战传统观念，将创新元素融入设计中。而设计思维则是一种更为系统的思考方式，它通过深刻理解问题背景、用户需求和市场趋势，引导设计师进行综合分析，从而得出具有针对性和可行性的设计方案。设计思维注重的是设计过程的合理性和逻辑性，强调从多个角度审视问题，寻找最佳设计路径。二者结合，既保证了设计的创新性和独特性，又确保了设计的实用性和可行性。创意设计与设计思维的融合，推动了设计领域的不断进步和发展，为设计师提供了更为广阔的创作空间和可能性。

1.1　什么是创意

创意作为创新思维的核心，是一种独特的、原初的思维过程，它通过新颖的视角和前所未有的方法解决问题。真正的创意不仅是对现状的改进，而且是对常规思维的颠覆，它通过非传统的途径去探索和实现想法。在现代社会，创意被广泛认为是推动社会进步和科技创新的关键动力。

创意不仅限于艺术或设计的领域，而且渗透在各个行业和日常生活中。在商业领域，创意可以促进新产品和服务的开发，为消费者带来全新的体验。在科技领域，创意则是驱动研发前进的力量，催生了诸如互联网、人工智能等重大科技革命。

创意是一种跨领域能力，它涉及多方面的知识、技能与态度。从知识层面看，创意需要广泛的信息积累和深入的研究；从技能层面看，它要求具备批判性思维和问题解决能力；从态度层面看，则需要开放性和敢于冒险的精神。正是这些要素的相互作用，使得创意能够突破常规，带来变革性的想法和解决方案。

创意的发展也与个体的心理特质息息相关，好奇心、想象力和执着追求是创意发展的催化剂。环境因素同样重要，一个鼓励尝试和容忍失败的环境更有利于创意的成长。因此，培养和激发创意，需要一个支持和鼓励创新文化的氛围。

在实际应用中，创意的过程往往包括准备、孵化、洞察、评价和实现等阶段。这个过程不是线性的，而是迭代和动态的，可能在不同的阶段之间来回循环。创意的生成通常伴随着深入的研究和大量的实验，在这个过程中，失败和挑战常常是不可避免的。

尽管面临挑战，创意所带来的长远价值是巨大的。它不仅可以解决现有的问题，还能打开新的可能性，推动社会向更好的方向发展。最终，创意是一种能力，更是一种持续的行动，它要求我们不断思考、实验并勇于实践，以发现和创造出更加美好的未来。

1.2　设计思维的概念

所谓设计思维就是在表象、概念的基础上进行分析、综合、判断、推理等认识活动的过程。设计思维是在不断的社会实践过程中产生的。设计思维作为设计的一个过程，是在对特定的信息、概念、内容、含义、情感、思想等的理解分析的基础上，对视觉形象、表现方式的寻找。

思维的萌生是人的自觉意识的开端，思维的形成是人精神的丰满。通常情况下，人的思维方式分为感性思维和理性思维两种，前者称为形象思维，着重表现在感性的形象推敲，后者称为抽象思维，着重表现于理性的逻辑推理。在当今这个设计领域日新月异的时代，设计不断以丰富多样的形式涌现，构成了一个挑战与机遇并存的新阶段。这一阶段的核心特征在于要求设计者具备复合思维方式，能够灵活应对多元文明的交融、技术的迭代以及媒介的多样化共存。设计思维不仅作为指导设计实践的纲领，帮助孕育出高效且富有创意的设计方案，而且它本身也成为视觉传达设计领域的一种核心方法论。通过这种思维方式，设计师能够更深刻地理解复杂的设计环境，创造出既符合时代需求又具备深刻文化内涵的设计作品。

1.3　抽象设计思维

观看视频

　　抽象设计思维是一种高度概念化的思考方式，它要求设计师从具体的事物中抽离出来，关注其本质特征和内在关系。这种思维方式强调对形式的简化、提炼和概括，以及对概念的探索和实验。在简化与提炼过程中，设计师需要去除事物的非必要细节，只保留最核心和最具影响力的元素，从而使得设计作品具有更高的传达效率和艺术感染力。同时，设计师还需要进行概念化思考，从具体事物中提取出普遍适用的概念或模式，发现新的设计语言和形式。这种思考方式不仅有助于设计师发挥想象力和创造力，打破常规的思维模式，还能更直接和深刻地表达设计主题和理念，强化设计的表达力。通过抽象的形式和元素，设计师可以创造出独特和富有创新性的设计作品，使观众能够更准确地理解和感受设计所传达的信息。

1.3.1　设计思维的来源

　　设计思维是人类以既定目标为前提进行的思维创新活动。人类在早期发展的过程中就不断地运用"设计思维"解决生活生产中遇到的种种问题，这就是早期设计思维的雏形。

　　"抽象"这个词的拉丁文为 abstractio，原意为排除、抽出。很多人把不能被人们感官所直接把握的东西，也就是通常所说的"看不见，摸不着，说不出"的感觉，称为"抽象"。抽象思维是人类天生具有的思维能力中的一种。从古至今，人类运用抽象思维归纳经验、总结规律、发明各类事物、建立科学体系，甚至改造世界。抽象思维遍及人类社会的各个领域、各个层面，由小及大、由浅至深、由简单到复杂。人脑天生具有抽象的能力，包括抽象的创造力和抽象的理解力。例如对语言文字的创造、学习，就是人脑抽象能力的佐证。

　　众所周知，中国的文字最初都是象形文字，象形文字的由来便是抽象思维的结果。原始人类最初以在岩壁上刻画动物、植物来记录事件，计算数量，逐渐地，这些图画越来越简洁、凝练，具有代表性，慢慢被越来越多的人所接受并传播开来，最终形成了早期的文字。事实上，早期中国文字的发明和演化过程就是典型的抽象思维过程，如图 1-1 所示。

　　每个人都具有理解和运用抽象思维的潜能，我们的历史、文化、生活中很多事物都是经历了时代变迁和无数人不断取舍、凝练后得到的成果。并且这样的凝练、取舍在各行各业、生活中的各个层面还在不断进行着，经历时间的涤荡，永不停歇，在某种程度上不断塑造着生活和世界的面貌。

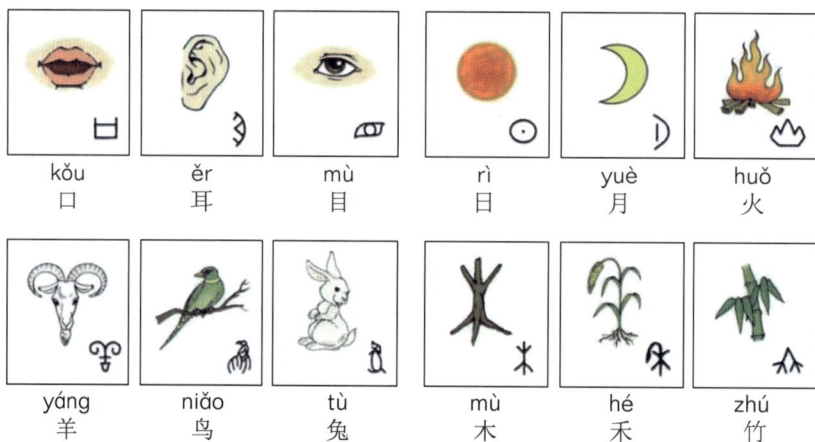

图 1-1　象形文字

1.3.2　抽象设计思维的定义

　　需求催生创意设计。生活需求的转变、新材料的发现带动了产品的创新，新颖的器型和纹样、崭新的工艺不断涌现。以"盛水"这一需求为例，从原始社会的用石头、土陶做的杯、碗到青铜时代的青铜器，再发展到近现代的瓷器、玻璃器皿，日用器皿的变化体现了人类生存环境不断变化下的需求，其造型纹样等都可称为设计，也可以理解为各个时期"设计思维"的体现，如图 1-2～图 1-6 所示。

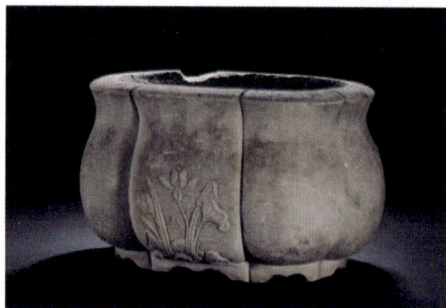

图 1-2　古代石杯

图 1-3　古代陶碗

图 1-4　青铜器

图 1-5　古代瓷碗

图 1-6　各种类型的现代水杯

又如桥梁的演变，从最初的独木桥，到木桥、石桥、吊桥，再到现在的跨海大桥，如图 1-7 ～图 1-11 所示。这些一方面体现着人们需求、审美的不断变化；另一方面也是技术不断提高的结果。

图1-7　独木桥

图1-8　木桥

图1-9　石桥

图1-10　吊桥

图1-11　现代大桥

　　因此，设计是以满足人们不断变化的需求为目的，通过各种方法和工具，把艺术与技术进行有机结合，并通过解决痛点、输出设计作品，最终满足人们核心需求的过程。

　　围绕核心需求，发现痛点是设计的起点，也是设计的原动力。抽象设计思维是设计思维过程中的重要组成部分，服务于设计过程，并为设计活动提供方法路径和解决方案。抽象设计思维的内容包括两大部分：一是设计元素抽取，即解构部分；二是设计元素再组合、再创造，即重构部分，如图 1-12 所示。

图 1-12　抽象设计过程

1.3.3　艺术设计领域中的抽象

艺术领域中，"抽象"这一概念最早开始于 20 世纪欧美的抽象主义与抽象艺术，是从具象的事物中抽取其表面的特征，形成简单、概括的形象的过程。抽象画作是画家将自己的内心感觉通过特定的颜色和形状表现出来。这些"颜色"和"形状"，并不代表任何的具体事物，只是因为我们看到了这些"颜色"和"形状"，就自然地被激发出内心的一种"美好的"或"忧伤的"以及其他各种情绪感觉。例如俄裔画家瓦西里·康定斯基（Wassily Kandinsky）和中国画家吴冠中的许多作品，都是抽象画作的代表，如图 1-13、图 1-14 所示。

图 1-13　康定斯基作品

图 1-14　吴冠中的"纠葛"

科学中的抽象倾向于抽取出普遍性真理，艺术中的抽象更倾向于将内心感受用特定符号表示出来的"过程"，而设计领域的抽象则更趋向于二者的统一。

设计的最终目标是改善人类的生活和环境。而人类的生产生活中既需要科学又需要艺术，这决定了因此而诞生的设计作品必然是科学与艺术的结合体。设计史上众多伟大的设计作品，皆蕴含着无法剥离的艺术属性与科学属性。以产品设计为例，如飞机的形态设计，蕴含着空气动力学等科学原理，在最初却是源于对大自然中飞鸟的形态和飞行原理的深度观察、理解并进行抽象提取，如图 1-15 所示。我们的航海工具和潜水工具的设计都是仿生形态与科技结合的产物。

图 1-15　达·芬奇飞行器手稿

1.3.4　抽象设计思维的培养

抽象设计思维的培养是以"抽象设计方法论"与"设计思维探索实践"相结合的方式，帮助设计师掌握科学的设计方法、寻找自身设计语言的过程。例如 2010 年上海世博会中建筑及展示设计的思维方式就是将很具象、复杂的形象最终转换为一种抽象设计语言的典型案例。

案例 1-1： 2010 年上海世博会英国馆设计。

英国馆设计成一个没有屋顶的开放式公园，展区核心"种子圣殿"外部生长有六万余根向各个方向伸展的触须。白天，触须会像光纤那样传导光线来提供内部照明，营造出现代感和震撼力兼具的空间；展区中有"绿色城市""开放城市""种子圣殿""活力城市""开放公园"等景点，如图 1-16 所示。

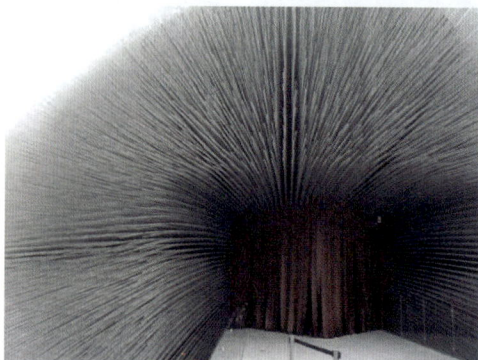

图 1-16　2010 年上海世博会英国馆（种子圣殿）

案例 1-2：2015 年米兰世博会英国馆的蜂巢设计。

2015 年米兰世博会英国馆的蜂巢概念主要体现在蜂巢中心的球形空隙，它允许人们走进内部并体验蜜蜂一天的生活活动。位于几英里远的诺丁汉的真正蜂巢中，一个加速计捕捉着蜜蜂的活动，并通过潜入铝节点部件的 LED 灯具的发光和脉动来表达，如图 1-17 所示。

图 1-17　2015 年米兰世博会英国馆（蜂巢）

实践与思维相结合是进行设计思维培养的主要手段。抽象设计思维伴随着实践活动，并从实践中总结出经验、规律、技术手段等智慧，汇聚成灵感并再次注入设计思维中，周而复始。在今天数字技术不断强大的时代背景下，创意设计的竞争就是设计思维伴随不断实践的竞争，抓住生活中的需求点，通过实践不断地去尝试、总结和验证来取得提升和进步。总之，设计思维的提升与设计实践活动紧密相连，不可分割，如图 1-18 所示。

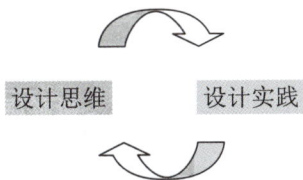

设计思维　　设计实践

图 1-18　设计思维与设计实践的关系

设计思维与设计实践是辩证统一的关系。设计思维作用于设计实践，在设计实践中孕育新的灵感，推动设计思维的进步。进化后的设计思维再次作用于设计实践，提升设计实践的专业水准思维与实践彼此推动，促进设计不断出新，不断深入凝练，趋向成熟。对抽象设计思维的培养基于这个框架，在设计实践中通过深入一个个设计项目，反复锻炼，推动设计课题向纵深发展，提升设计高度，最终精准解答核心需求。

1.4 抽象设计思维伴随现代设计的发展

抽象设计思维与现代设计的发展历程紧密相连。随着科技的进步和社会的变化，设计师们开始寻求更简洁、直接且具有普遍意义的视觉语言来回应复杂多变的设计需求。抽象设计思维，作为一种强调概念提炼与形式简化的思考模式，成为现代设计探索中的核心方法论。它鼓励设计师突破具象界限，关注色彩、形状、空间关系的本质特征，以及它们如何与观众的情感和认知互动。在现代设计实践中，这种思维方式不断推动设计师创造出新颖、独特且富有沟通力的作品，从而推动设计领域的创新与发展。

1.4.1 自然生发的抽象设计思维雏形

工业革命以前，人类生产力水平停留在以手工制造为主的阶段，大部分新产品诞生于手工艺作坊，而新产品的开发者和制造者通常是手工匠人。与此同时，也存在着少量艺术家参与产品研发与设计，那时候艺术家的社会分工并不像如今这样明确，具有很大程度的开放性，少数杰出的艺术家涉猎广泛，身兼数职，在纯艺术、实用性设计甚至科技研究方面都有颇深造诣，如达·芬奇等。但是，相对完备的设计产出凤毛麟角，离现代规模化的设计产业还相去甚远。

19世纪，随着社会生产和经济的迅速发展，自然科学研究也取得重大进展，1870年以后，各种新技术、新发明层出不穷，由于机械化大生产的需要，人们需要工艺更加简单、更符合批量化生产要求的产品解决方案，于是材质更适应机器批量生产、外形更加简洁、装饰更加简约的一系列产品应运而生。伴随着机械化自动化生产的发展和普及，对这类以"简洁"为主要特征的设计方案的需求出现大幅增长。

1.4.2 学院体系化的抽象设计思维形成

抽象设计思维的体系化形成于包豪斯与现代主义时期。1919年4月1日，包豪斯学校（Staatliches Bauhaus）在德国魏玛成立，成为现代工业设计基本观念的发源地，并建立了相关研学体系，培养了大批现代主义设计师，对现代设计产生了极其深远的影响。包豪斯设计教育体系创建了构成相关课程，其教学总结出了一系列审美规律，为原本玄妙的"美"注入了理性科学的部分，让"美"由完全感性化的存在而变得更容易被捕捉、理解和创造，如图1-19、图1-20所示。

包豪斯的教学理念传入日本之后，被进一步总结，后来形成了人们熟知的"三大构成理论"，后经翻译并引入国内的艺术设计教育领域。可以说，构成学诞生于机械化大生产的时代，以科学技术为发展起因，同时也受限于当时的科技水平。时代背景和客观条件导致"做减法"成为当时的设计潮流，人们推崇德国建筑设计师凡德罗提出的"Less is more"（少即是多），主张舍弃不必要的装饰，留下必要的"骨干"和"精华"。这恰恰符合"抽象思维"的核心理念，因此，构成学是抽象设计思维训练过程中必不可少的理论工具之一。

图 1-19　德国魏玛包豪斯学校

图 1-20　萨伏伊别墅

包豪斯推崇的功能主义和极简风格在当时对很多行业都产生了深远影响。"现代主义风格"应运而生，并引领设计潮流近一个世纪。产品设计行业、建筑设计行业、服装设计行业、电影行业乃至纯艺术领域都深受影响。

下面重点介绍三位著名设计师的作品。

案例 1-3：麦金托什的设计。

麦金托什被公认为新艺术在英国的杰出人物，1896 年以他为首成立"格拉斯哥四人"设计小组，麦金托什的设计带有哥特式的简练、垂直的线条，体现出植物生长垂直向上的活力。麦金托什设计的大量家具都具有高直的风格，世界闻名的高靠背椅就极具代表性，如图 1-21 所示。

图 1-21　高靠背椅

案例 1-4：维纳尔·潘顿的设计。

潘顿椅（Panton Chair）是历史上第一把一体化、注塑成型的塑料椅，摒弃了椅子必须有四条腿的想法。潘顿椅外观时尚大方，有种流畅大气的曲线美。潘顿椅舒适典雅，符合人体曲线。潘顿椅色彩也十分艳丽，具有强烈的雕塑感，至今享有盛誉，被世界许多博物馆收藏，如图 1-22 所示。

图 1-22　潘顿椅

案例 1-5：蒙德里安的设计。

以蒙德里安为代表的荷兰"风格派"，作为一种艺术运动，并不局限于绘画。它对当时的建筑、家具、装饰艺术以及印刷业都有一定的影响。事实上，"风格派"的许多成员正是各艺术领域的积极活动家。提到蒙德里安，我们马上会想到那些规格不同的矩形方格子。某些美术评论家认为蒙德里安的作品只适用于广告设计、家具、印刷品和建筑装潢，根本谈不上"绘画"二字。这种批评其实是抽象的，因它离开了时代特征，当时蒙德里安不这样认为，他一步一步地走上绘画几何学的抽象构图道路。图 1-23 所示是沿着立体派和未来派的单纯化结构而来的。

图 1-23　蒙德里安的《红、黄、蓝的构成》

19 世纪初期，在现代主义思潮影响下，抽象设计思维空前鼎盛。此后，世界各国的相关院校相继开设了艺术设计专业，逐步建立了一系列教学课程体系。尽管各国的教育体系和理念都有不同之处，与"构成学"相关课程的比例和形式也存在很大区别，但构成的相关理论都被作为现代设计艺术教育的重要基础融入各国的设计教育课程之中。在中国，以"三大构成"为核心的教学内容在很长一段时间占据了设计教育的核心与基础地位，直到现今仍作为重要的教学内容和设计工具，渗透在设计艺术的各个专业教育中。由于现代主义思潮的盛行，抽象设计思维受到空前的重视，并且在这一阶段得到了前所未有的发展。

1.4.3　抽象设计思维的成熟期

在经历了追求极致的功能主义后期，现代主义的一些弊端和问题也逐渐暴露出来，如过分强调功能性和国际化带来的呆板和千篇一律等。于是，后现代主义诞生了。后现代主义更加强调人性化、自由化，反对千篇一律，更强调以人为本，体现个性、文化内涵、历史文脉的延续性、复杂矛盾和多元化等，并提出与现代主义观念相悖的"Less is bore"（少即无聊）。

在后现代主义的影响下，抽象设计思维从现代主义的侧重凝练、标准化，逐步增加了新的内容。由于新时期社会环境、大众心理都产生新的变化，人们对建筑、产品也产生了新的需求，更期待形式多样、意义独特、个性化的设计作品。随着需求的改变，设计风格和方向也随之改变，抽象设计思维不仅需要不断地凝练，更需要解构更多的设计元素，并运用更新的材料和科技，形成新的设计语言来重构作品。这也是目前我们抽象思维训练课程的主体内容和追求。

如"新中式"风格的建筑、室内设计、产品设计在这一阶段也得到了飞速发展。"新中式"风格不同于国际主义风格的现代派，更不同于古典主义，是后现代主义设计在中国的独特展现。

案例 1-6：新中式设计。

在四方当代艺术湖区内，坐落着一座由中国著名建筑师王澍设计的"三合宅"，如图 1-24 所示。这座三面围合一面开敞的建筑，在空间上是内聚和封闭性的，在形态上保持建筑与空间的连续性，这种连续性不仅在于建筑本身，也体现在建筑与城市的关系上，是设计者对于"中国房子"范型的一次具体的操作。它的显现与修正来源于具体的功能与构造问题的思考，例如屋面的做法，为了解决雨水的排泄，双曲面就是一种自然的选择，在这里，造型的考虑是次要的。

图 1-24　新中式建筑和庭院（三合宅，王澍）

案例 1-7：酸性设计。

酸性设计是一种受迷幻艺术和科幻风格启发的设计风格。它通常采用鲜亮的色彩、充满动感的图案和未来主义的元素，创造出一种超现实和梦幻般的视觉体验，如图 1-25 所示。这种设计风格在音乐专辑封面、时尚界和网络文化中颇为流行。

图 1-25　欧普艺术

酸性设计中的图案往往呈现出流动的液态感或是扭曲的几何形状，配合以异想天开的创意元素，仿佛带领观者进入了一个充满奇幻色彩的未知世界。文字设计也常常打破常规，采用不规则、极具实验性的形状和排版，进一步强化了设计的前卫感与个性化，如图 1-26 所示。酸性设计不仅带来视觉上的震撼，而且是一种文化的表达，反映了当代年轻人对自由、创新和反叛的渴望。在音乐节的海报、时尚品牌、网络媒体的视觉传达中，我们都可以见到酸性设计的身影，它以其独特的视觉语言，传递着年轻一代的声音与态度。

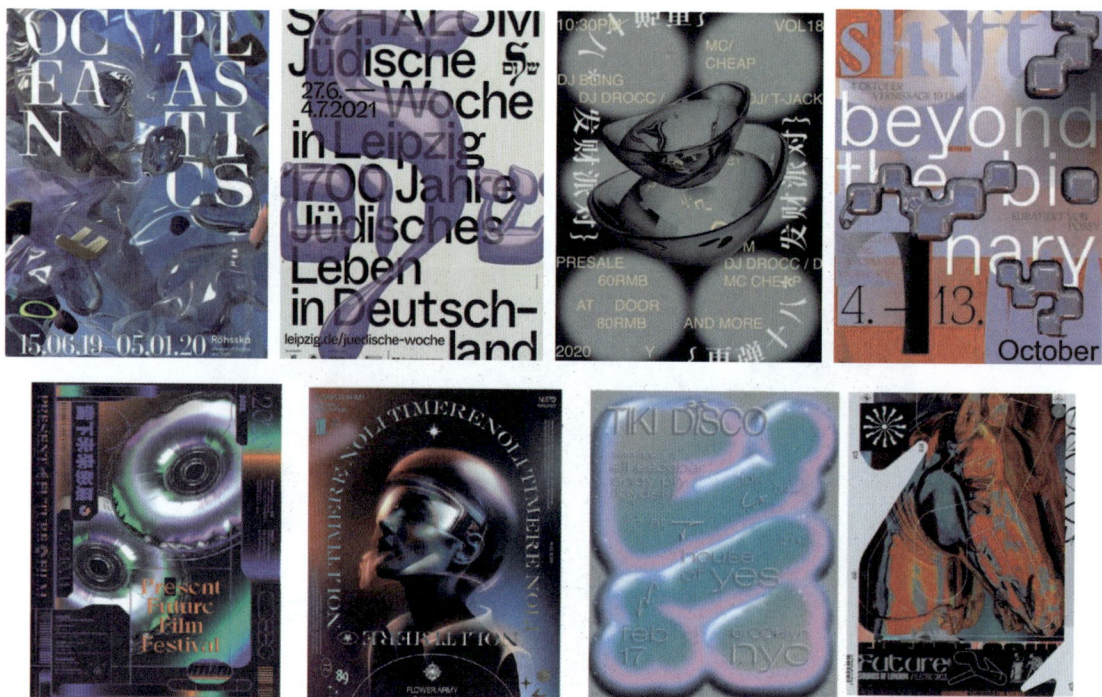

图 1-26　酸性设计

1.5　本章小结

　　本章主要讲述什么是创意、设计思维的概念、抽象设计思维、抽象设计思维的形成与发展等内容。

　　本章的重点是理解并掌握设计思维的含义、抽象设计思维，懂得这门课程的学习意义。我们通过展示国内外的一些优秀设计作品进行了分析说明。

1.6　课后作业

　　1. 复习本章重点内容，掌握要点知识。

　　2. 思考：拥有新的视角、新的发现，才会在设计中获得新的表现角度。课后思考题：优秀的设计具备的要素有哪些？

　　3. 书面作业：

　　收集身边不同种类的且有影响价值的设计 10 个，并分析其创意思维，写出探析感想。

　　（1）交作业时间：下一次课。

　　（2）交作业形式：PPT 或者 Word 形式。

　　4. 小练习：

　　（1）课堂上请同学举例说明生活中的有趣设计。

　　（2）课外收集具有鲜明特征的设计作品。

第 2 章　视觉传达设计与创意表现

　　视觉传达设计是一门通过视觉元素进行信息传递、观念表达和情感沟通的创意表现艺术。在现代社会，视觉传达设计无处不在，从街头的广告牌到电视中的商业广告，再到互联网上的网页设计，它涵盖了广泛的领域，包括平面设计、多媒体设计、动画设计等。下面将从视觉传达设计概述、发展史、表现元素等方面进行介绍。

观看视频

2.1　视觉传达设计概述

视觉传达设计是现代信息社会不可或缺的一种跨学科属性的艺术设计方式，其通过使用视觉元素来传达信息、理念和情感。这一领域的设计师利用各种工具和技术，创建具有吸引力的视觉作品，以影响和引导观众的感受和行为。随着数字技术的发展，视觉传达设计领域中数字艺术、网站设计、动画、用户界面和用户体验设计成为热门方向。社交媒体的兴起和多媒体的互动性也为视觉传达设计师提供了新的平台和挑战。

2.1.1　视觉传达设计的概念

视觉传达设计是综合运用多学科知识，以富有创新性的视觉艺术表现实现信息传播，影响受众情感、行为，达成有效服务的设计形式，其旨在通过视觉元素传递信息，提升用户体验和加强品牌影响力。在当今数字化时代，视觉传达设计的重要性日益凸显，它不仅关系到信息的清晰表达，还涉及如何吸引并保持观众的注意力。

1. 核心要素与原则

1）信息结构

（1）层次感。

清晰的层次结构是有效传达信息的关键。设计师需要通过字体大小、颜色对比、布局等手段，区分主次信息，引导观众逐步理解内容。

（2）逻辑性。

信息的组织应符合逻辑和习惯，例如从上到下、从左到右的阅读顺序，这有助于提高信息传达的效率。

2）视觉元素

（1）色彩运用。

色彩不仅能影响美观，还能传递情感和信息。例如，红色常用于紧急或重要的提示，绿色则常用来表示安全或自然。

（2）图形与图像。

图形与图像是直观的信息载体。合理的图标设计和图片选择可以加快信息的理解，增强记忆。

3）排版布局

（1）对齐规则。

良好的对齐可以提升设计的整洁度和专业感。设计师需要注意元素之间的对齐关系，避免杂乱无章。

（2）留白处理。

恰当的留白（或称"空间"）可以使布局更加通透，信息更易被接收，同时也能提升设计的美感。

2. 应用领域与实践

1）用户界面设计

（1）交互逻辑。

用户界面（UI）设计不仅要考虑视觉上的吸引力，而且要关注用户的交互体验。合理安排界面元素的响应方式和交互逻辑，能够提升用户体验。

（2）响应式设计。

随着多种屏幕尺寸的出现，响应式设计成为标准。设计师需确保在各种设备上都能提供一致的用户体验。

2）品牌形象设计

（1）标识设计。

一个有力的品牌标识是传达品牌理念的重要工具。设计师需要创造出既具有识别性又富有艺术性的标识。

（2）视觉统一性。

在品牌传播的各个接触点上保持视觉风格的统一，对于树立稳定的品牌形象至关重要。

3）信息图表设计

（1）数据可视化。

将复杂的数据通过图表、图形的方式直观展现，可以增强信息的可读性和吸引力。

（2）故事叙述。

优秀的信息设计还能讲述故事，通过视觉手段引导观众理解数据背后的情境和联系。

3. 未来趋势与挑战

1）技术整合

（1）虚拟现实与增强现实。

虚拟现实（VR）与增强现实（AR）技术为视觉传达设计带来了新的维度，设计师需要考虑如何在三维空间中有效地传递信息。

（2）人工智能。

人工智能（AI）的应用正在改变设计流程，例如通过算法进行字体生成或图像编辑，但同时也提出了如何保持设计独创性的挑战。

2）可持续设计

（1）环保意识。

随着公众环保意识的提升，设计师在材料选择和设计过程中考虑生态影响变得愈发重要。

（2）社会责任。

设计不仅是商业行为，还需要社会参与。设计师通过作品传递环保、公益等信息，可以发挥更大的社会影响力。

视觉传达设计是一个不断进化的领域，它要求设计师不仅要具备良好的审美能力，还要不断学习新技术、新理念，以适应不断变化的设计环境和社会需求。通过有效的视觉传达设计，我们可以更好地连接人与人、人与信息、人与社会，促进理解和沟通，提升生活品质。

2.1.2　视觉传达设计的本质

视觉传达设计的本质是通过视觉元素传递信息、情感和意义。它涉及对色彩、形状、图像、文字等视觉元素的有意运用，旨在通过视觉媒介与观众进行沟通。这一过程不仅要求设计师具备出色的审美能力，还要求设计师有深刻的理解沟通能力和对目标受众的洞察能力。

1. 信息与交流

信息是人们交流过程的主要内容，是维持人类生产活动、社会活动、经济活动的重要资源。信息与物质、能量一起被认为是构成客观世界的三大要素。信息的主要特征可以归纳为以下四点。

1）可识别

信息源于物质，却不是物质本身，因此具有抽象性。但信息必须依托承载它的物体而存在，即物体的一个属性，可以通过信息的载体而感知识别。

2）可转换

信息可以从一种形态转换到另一种形态。例如，物品的功能信息可以转换为文字、图形、电视信号、计算机代码等形式。这种转换对媒体和通信的发展是十分重要的。

3）可存储

信息可以通过记忆、记录等方式被保存下来。例如，人可以通过大脑的神经元结构、计算机可以通过硬件系统将信息保存下来。

4）可加工处理

信息可以被处理、传递、再现。信息处理的意义在于，通过处理，信息可以形成系统性和逻辑性，从而为信息的传达提供了前提条件。

交流的字面意义是两个个体之间的互换关系。从哲学意义上讲，交流是一个系统内部要素之间和各个系统之间建立联系的过程，是系统之所以成立的一个依据。

人类通过自身与外界的交流行为（人与人、人与工具、人与环境），在自然界和人类社会中实现和维持了最基本的物质和能量的流通，使自然界和社会成为有机的、鲜活的整体，进而推动人类历史的前行和进步。因此，交流是自然界的最普遍的现象之一，是人类社会的一项基本活动，是人类发展的动因和改造世界的有力手段。

随着人类的进化，人们产生了一种对事物的识别意向，产生了共识的信息图形符号，如图 2-1 所示。

图 2-1　古老的图形符号

这些古老的图形符号表现了人、人们、打仗的人、狩猎的人、不同活动、动物、工具、农具、脚印、太阳等，表达了一定的意义，并可以传递信息。

在商品流通的历史长河中，印章曾长期作为重要的凭证使用。早在汉代，铜器和玉器上就常刻有铭记，这些铭记不仅具有标识作用，还蕴含着丰富的文化内涵。及至唐代，纸张制造技艺取得显著进步，纸张内已开始嵌入暗纹符号，作为辨识和防伪的手段。到了宋代，商标的使用变得相当普遍，这一时期的商业标记形式更为丰富多样。例如，中国国家博物馆收藏的宋代山东济南刘家功夫针铺的商品包装上就印有兔的图形符号，并附有"认门前白兔儿为记"的文字说明。这里的"为记"，即指代该商标或标记符号，标志着品牌标识在商业活动中的广泛应用。古代用招牌、幌子表示米店、布社、茶馆、药铺、酒坊等，可以说这些都是中国早期的信息符号，如图 2-2 所示。

图 2-2　宋代商标

文字起源于远古的图形符号。然而在远古居民遗留下来的岩画、石刻符号、族徽等大量带有图形的信息中，又如何去判断哪一种是图形、哪一种是文字呢？有学者认为可视图形复杂与否来判定：图形化成分越多越偏于图的本意，而符号化成分越多、结构相对概括而简单的则偏于文字的本意，如图 2-3 所示。

图 2-3　古埃及符号

中国的古文字源于商代（以甲骨文为代表）。在商代，占卜活动在统治者进行任何重要决策之前都占据着举足轻重的地位，这一传统延续了约千年，直至秦代才逐渐终止。甲骨就是占卜时的用具，甲骨文是刻在龟甲和兽骨上的古老文字。甲骨文作为最早的系统文字，对其他古文字有着广泛而深远的影响。甲骨文作为中国古代文字的重要阶段，其鲜明的象形性特点在"六书"原则中得到了充分体现。"六书"是古代汉字造字和用字的六种方法，而在甲骨文中，我们可以清晰地看到这些原则的应用。其中，象形这一原则尤为突出，它是通过文字自身的形体来直接表示现实中存在的"物"以及较为抽象的"事"，展现了古代文字与现实生活之间的紧密联系。

甲骨文的"象形字"是通过形所体现的符号来传达意思，直观性最强，故最易识别，是一种原始的造字方法，如图 2-4 所示。语言学家认为：一旦图形符号与语言形式之间出现了

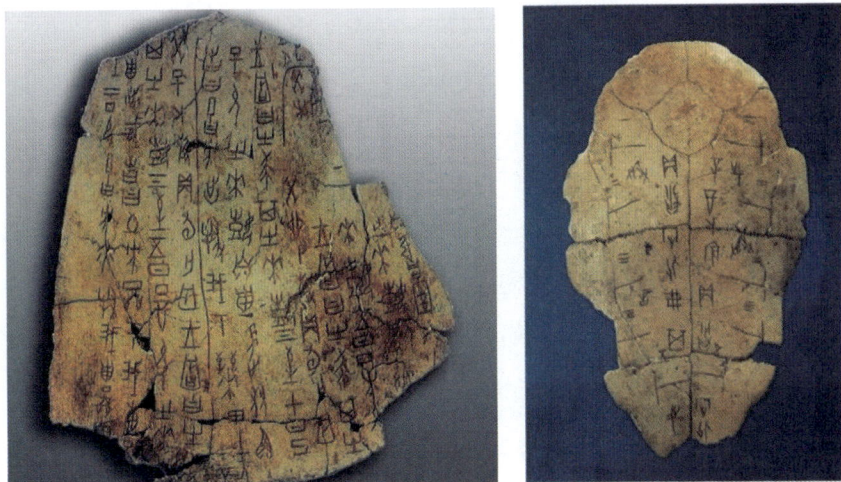

图 2-4　甲骨文

约定俗成的固定联系，它就完成了向文字的过渡。也就是说，不管这个符号复杂与否，是不是更像图形，只要它与被表达的事物之间有了众所周知的固定关系，是被用来代表语言的，就属于文字。一个符号往往具有多个编码元素，其中的主导元素决定了该符号的性质。

信息交流凭借的是符号与文字。符号与文字是怎样进化的呢？近代图形符号是由原始绘画与符号发展而来的，图形符号的根源可以追溯到象形文字、图画文字和原始绘画与符号，古代的原始绘画与符号既是文字的祖先，又是产生现代图形符号的起源。

符号是代表事物的标记，最早由图形简化抽象而来。这种最初只是象征性地将身边的物体描绘成简单含义的记号或符号，经过长期传播和不断完善，逐步形成了以象征性为主的表现有多种复合寓意的由图形、标志、文字、颜色、几何形状等视觉元素组合形成的公认的信息符号。

在信息时代的今天，标准信息符号是构成图形、标志、文字、电子数码等多种技术信息传播载体的基本要素，其设计与应用领域涵盖了城市公共信息系统和城市建设规划、信息产业等领域。信息符号的出现和广泛使用，标志着人类公共信息的统一化趋向，越是发达的、高度文明的国际化城市，其公共信息符号系统越具有先进性、通用性，越能够快速地被人们传递和理解。

2. 信息沟通

信息感知是人类活动的前提，标识的指示信息设计来源于人们对信息的感知需求。一般来说，人接收的信息可分为意义信息和形象信息两大类。

意义信息是指说明事物或环境空间的名称、状况、功能等这些可以用语言来确切描述的物理性信息，可以用"知道"或"不知道"来判断。

形象信息是指印象、感觉、气氛、情绪等难以用语言准确表达的心理感知性信息，可以用"感觉到"或"感觉不到"来判断。

如图 2-5 所示，当进入第一张图所设想的环境中时，我们只获得空间给予我们的视觉感受，如会有这样的感知"这里空间挺大的"，但是却不能判断这个场所的功能；但是如果进入第二张图所设想的环境中，我们的第一反应就会是"哦，这里是个停车场"，立刻就获得了对环境功能的认知。

图 2-5　停车场示意图

在公共环境中，导向标识必须传达有助于理解环境和行动的信息。在设计时必须保证信息传达得准确到位，数据要正确、比例要准确、方位要明确、措辞要准确，如图 2-6 所示。

图 2-6　导向标识

2.1.3　视觉传达设计的特征

视觉是人类认识世界、获得信息的各种已知方式中最重要的一种方式，它是人类接收信息量最大的一种知觉工具。视觉艺术语言是以各种视觉形态所构成的视觉关系去表达信息内容。视觉形态由事物的形态、色彩组织构成，以形象来示意的视觉传播形式。

在与西方国家之间的战争与磨合中，我们也不断地调整着姿态与策略，与之抗衡。近年来随着国力增强，我们更是逐步调整经济政策，提高自身文化产业的发展与出口额度，并通过加大对传统文化的保护力度，增强我国文化产业的整体实力和竞争力，以抵制西方文化价值观的一味影响。而设计无疑是从属于文化意识形态的产品，对内可以促进商业消费，满足国民精神与物质的需要；对外作为输出的文化商品，必须树立自身明确的民族品牌特征，如图 2-7 所示。

图 2-7　华为海报

现代设计以特定的公益或商业目标主题，选用适宜的艺术语言和契合的设计表现技法，进行有序的理性创意，并借助一定的工艺来实现。无论是广义的"设计"概念还是狭义的"设计学"内涵与目的，作为中国新时代的设计导向，必须既要促进国民消费，又要让人们认识中华民族辉煌的人文历史与优秀的传统文化，树立民族品牌，积极传承优秀的传统文化，融入民族文化精神、民族价值观，深化设计的文化内涵，增强民族的文化自信，提升民族文化凝聚力。

2.1.4　视觉传达设计的原则

视觉传达设计的原则包括目的性原则、内涵性原则、个性化原则、艺术性原则及表达性原则，这些原则共同构建了清晰、有效且美观的设计。

1. 目的性原则

无论是什么行业的设计，都是有目的性的，视觉传达设计也如此。首先明确想要传达什么信息，然后针对想要达到的目的进行平面设计。这样设计出来的作品，才能达到预期的效果。

2. 内涵性原则

内涵性原则是指视觉传达内容所含有的深意。有些视觉传达设计直观、浅显易懂，而有些视觉传达设计则蕴含着丰富的内涵。视觉传达设计的内涵性会起到加深印象的作用。

3. 个性化原则

个性化就比较通俗易懂了，就像每个人的个性都是不一样的，视觉传达设计也具有个性，取决于画面所要表现的内容特点。打造出别具一格的视觉传达设计，体现出与众不同的效果，可以极大地满足浏览者猎奇的心理。个性化的视觉传达设计会像个性化的人一样脱颖而出，备受瞩目。

4. 艺术性原则

艺术性主要是通过色彩、线条以及图形来表现的，也就是指视觉传达设计的美感。视觉传达设计如果没有艺术性，就成不了好的视觉传达设计，所以在视觉传达设计时，突出视觉传达设计重点是尤为重要的。

5. 表达性原则

基于中国传统美学强调的设计"生活方式说""共生美学观"等理论方法不被重视，盲目抄袭、简单复制西方设计中的"过去式"已成为中国设计艺术的通病。显然，其根本原因是，对中国传统审美文化和精神内涵的忽视，对东方审美中极其重要的由"人与人""人与天地自然""人与各维度空间生命"相互和谐、相互尊重的基础上建立而成的山水人文思想体系与"诗化精神"哲学思想内涵的视而不见，从而导致中国现代设计艺术失去了自己应该具有的文化特征。由此可见，传统文化本质特征与传统美学意境观念在当下设计界的内在支撑作用是如此的重要。

观看视频

2.2　视觉传达设计发展史

视觉传达设计的发展史是一个丰富多彩的旅程，反映了人类在不断变化的技术、文化和社会背景下的创造力与沟通需求。从古代的象形文字和壁画到今日的数字界面与虚拟现实体验，视觉传达设计经历了多个重要阶段的转变，总的来说，视觉传达设计的发展史是技术创新、文化交流与社会变迁的产物。随着科技的不断进步和文化的不断发展，视觉传达设计将继续演变，以满足新时代的沟通需求。

2.2.1　视觉传达设计专业名称的演变

视觉传达设计专业名称的演变是一个复杂的过程，它不仅反映了技术的进步和社会的变化，还体现了设计领域的不断扩展和深化。从早期的"商业艺术"到现代的"视觉传达设计"，这个专业的命名经历了多个阶段，每个阶段都与当时的文化、技术和经济条件紧密相关。

1. 商业艺术与平面设计

1）商业艺术

在 20 世纪初，随着大规模生产和消费文化的兴起，设计开始被视为一种促进商品销售的工具。因此，"商业艺术"这一名称应运而生，它强调了设计在商业中的应用。

2）平面设计

随着印刷技术的进步和大众媒体的发展，设计工作开始更多地涉及版面设计、排版和印刷。这一时期，设计主要集中在二维平面上，因此，"平面设计"成为更为准确的称呼。

2. 信息设计与交互设计

1）信息设计

在 20 世纪中叶，随着信息时代的到来，人们需要处理大量复杂的数据和信息。因此，设计不再局限于传统的商业和印刷领域，而是扩展到了如何清晰地展示和传达信息。

2）交互设计

设计师们开始关注如何通过视觉手段有效地组织和呈现信息，使观众能够快速理解和吸收。这包括数据可视化、界面设计和交互设计等方面。

3. 多媒体与视觉传达

1）多媒体设计

随着数字媒体的出现，设计师需要掌握图像、声音和视频等多种媒介。因此，"多媒体设计"这一名称开始流行，它反映了设计师在新媒介中的工作内容。

25

2）视觉传达设计

这一名称强调了设计的核心在于通过视觉元素传递信息，无论是在物理还是数字空间中。它涵盖了平面设计、多媒体设计、界面设计等多个领域。

4. 用户体验与交互设计

1）用户体验设计

在 21 世纪初，随着互联网和移动设备的普及，设计师不仅需要考虑视觉呈现，还需要关注用户的使用体验。因此，"用户体验设计"成为一个重要的分支。

2）交互设计

这一领域专注于创建互动式的设计，如应用程序和网站的用户界面。它强调用户与产品之间的交互性，并关注如何使产品更加易用和有趣。

5. 跨领域与设计思维

1）跨领域设计

现代设计往往需要结合科技、商业和社会学等多个领域的知识。因此，"跨领域设计"这一概念应运而生，它反映了设计师在解决复杂问题时所需的综合性知识。

2）设计思维

这是一种解决问题的方法，强调利用设计的方法和原则来探索问题和创造解决方案。它鼓励设计师采用创造性的思维模式，跨越传统的学科界限。

总之，视觉传达设计专业名称的演变，从一个侧面反映了设计领域的发展和变化。这些变化不仅体现在技术进步和社会变迁对设计的影响上，还体现在设计师角色和职责的变化上。

2.2.2　视觉艺术的发展

视觉艺术的发展经历了从原始绘画和雕塑到现代电子艺术的演变。它反映了人类对视觉表现的不断探索，从岩画、壁画到文艺复兴时期的油画，再到摄影、电影和数字艺术的出现。每个阶段都体现了技术进步、文化变迁和社会需求的影响。

1. 视觉艺术的起源

在南非南部海岸布隆伯斯洞穴（Blombos Cave）里，考古学家们发现了人类目前已知最早的"艺术作品"：一块条形赭石。在这块赭石的侧面，有着明显被人刻意雕刻或切割的平行线与交线条纹。赭石也是古代人类采集来制作红色颜料的主要材料。赭石也是人类最早的"画布"，石头上的条纹构成了抽象几何图形，是人类抽象思维能力以及艺术创作能力的最早显示，印证了智慧生物有意识、有目的的行为，也印证了地球上人类的存在。

法国肖维岩洞与西班牙阿尔塔米拉洞穴中的壁画，作画的原料有的是现成品，有的是专门制作的。黑色通常来自木头燃烧后形成的木炭，彩色则主要来自土石。红色是原始人类最喜爱的颜色，从世界各地的原始遗迹看，红色几乎都是用铁矿石制作的。赭石颜料的研制无疑是历经对多种材料进行数次反复实验后才得以成功。在古老的壁画中，我们所见到的动物形象通常都与早期人类的日常生活紧密相连，息息相关。例如牛、羊通常是人类的食物，虎、豹则是威胁人类生存的动物。这类绘画采用自然主义的笔触，在画上不断叠加更准确的动物轮廓线，甚至结合岩石凹凸不平的立面加以处理，往往形象极其逼真。人类学家推断，他们的创作目的大都是敬奉食物来源，与人类狩猎前后的祈祷、巫术或宗教仪式有关，如图 2-8～图 2-15 所示。

图 2-8　法国拉斯科洞窟壁画

图 2-9　法国阿列日黏土浮雕《野牛》

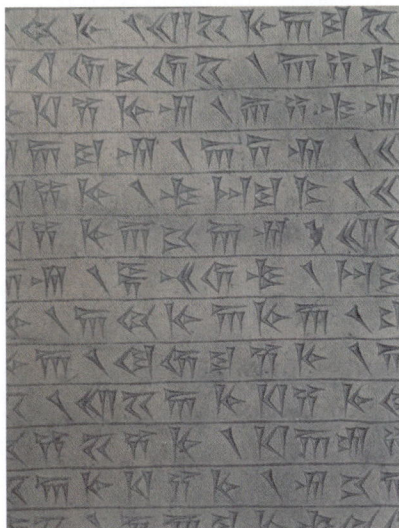
图 2-10　楔形文字

图 2-11　乌鲁克陶瓶

图 2-12　埃及纸草文书

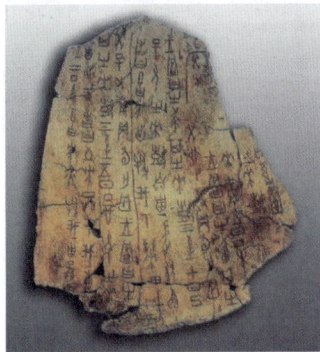
图 2-13　甲骨文

27

图 2-14　古罗马字刻

图 2-15　木刻版印刷

2. 古代中国的视觉艺术

世界原本公认陶器的出现时间大约是 1 万年前，与新石器时代的到来同步。不过据
《美国考古学杂志》（*American Journal of Archaeology*）2012 年公布的世界十大考古学发现，
中国江西万年县大源乡境内的仙人洞遗址发现了距今 2 万年的陶器的碎片。此前在湖南玉
蟾岩遗址也已经出土了距今 1.8 万年的陶器，两处的考古发现把陶器出现的时间点向前推
了近 1 万年。当然，上万年前的陶器在工艺成熟度与精美程度上肯定远逊于后来新石器时
期真正能称之为陶的器物，但它也确证了中国当之无愧成为世界上最早发明和制作陶器的
国家，如图 2-16、图 2-17 所示。

图 2-16　仙人洞发现距今 2 万年的陶片

图 2-17　小口尖底陶罐（陕西西安半坡遗址）

陕西省西安市的东郊出土了公元前 5000 年的半坡文明遗址，这些出土文物除了具有
实用性，也相当富有创新意味。曾经在很长一段时间里，半坡遗址出土的小口尖底陶罐的
用途都是一个谜，但考古学家们终于从它特殊的构形上推测，这种尖底不可能在地面上放

置，但如果放进水中，尖底的压强足够大，会很轻易破水而入，这种形状最方便汲水。这就解开了小口尖底陶罐的谜题，小口的作用自然是便于将水倒入不同容器不易侧漏，两侧耳朵的作用则是方便提取。当先民们在池塘边、井边、河岸边取水时，小口尖底瓶自然比宽口平底的陶罐随手得多。

人们在中国各地出土的陶器上发现了许多图案，并且从这些图案中观察到绘画由写实向抽象发展的过程。出土于陕西省华县的新石器彩陶钵上，鸟的形象已经在写实的基础上有所简化，而甘肃兰州出土的新石器彩陶罐上的纹路已经完全看不出鸟的原状，变成纯粹抽象的几何曲线。正如前文所说，人类绘画正是从远古时期的写实与自然主义向近古的抽象主义转变，抽象图案、几何图案的出现也是中国古代文明发展的佐证，如图 2-18、图 2-19 所示。

图 2-18　鸟纹彩陶钵

图 2-19　旋纹彩陶罐

《诗经》里说："安土重迁，黎民之性。"中国是历史上最悠久的农业国家，农耕文明是最追求安定与稳定的文明，"安土重迁"也就成了民族的性格。中国人富于乡土情结，讲究落叶归根。对土地的亲近感和归属感，使中国人从工具到饰品一律钟爱来自土地的原材料——陶器、瓷器、石器、玉器、木器、竹器等，这些成为中国最普及和发达的实用品材质。玉在中国文化里有着不可替代的地位，以致形成了"玉文化"。玉的本质只是石头，不过是更光洁剔透的石头。一般世界各地的民族普遍喜爱的是黄金饰品，很少看重玉器，就算西方人偏爱钻石，也并没有发展出什么"钻石文化"。然而玉文化在中国传统文化里却占有极重的分量，玉被赋予了极深刻和美好的寓意。屈原佩玉咏玉，孔子说玉有"十德"，玉成为君子及其道德的象征。玉是礼器，是用于祭祀的仪典，具有神圣的宗教含义。美玉稀有而珍贵，拥有玉也意味着拥有权力与富贵。玉被制成各种随身携带的饰品，分类也极尽详细，如《尔雅·释器》中描述："肉倍好谓之璧，好倍肉谓之瑗，肉好若一谓之环。"玉的用途也很广泛，从辟邪到装饰，从礼器到乐器，甚至武器（玉剑）都有运用。

玉的佩戴时间越长越显温润光泽，古人认为"人养玉三年，玉养人生"，玉能吸引人体浊气，有医疗保健作用，长期佩玉能使人的身体更健康、精神、有灵气，《本草纲目》甚至记载玉有"滋养五脏"等多种疗效。这一观念的再发展，是不满足于将玉制作成护身符让生者时时佩戴，还要将之用于安葬死者，"敛玉"即用玉器陪葬，古人相信玉能助尸身不朽，"金缕玉衣"便由此而来，如图 2-20 所示。

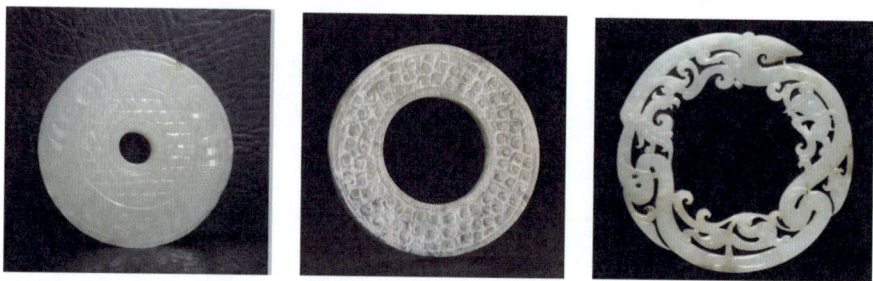

图 2-20　玉璧、玉瑗、玉环

　　即便在漫长的石器时代结束后，中国人的金石观仍然体现出对玉的情有独钟。汉语中有关玉的成语全是溢美之词，而且从数量上看也是独占鳌头，数不胜数：金枝玉叶、亭亭玉立、金口玉言、香消玉殒、琼浆玉露、玉树临风……较之对待金属的态度，中国人对玉石总是更亲切一点。

　　进入冶金时代，中国人利用青铜合金制作出举世惊叹的工艺品。商代（公元前 1600年—公元前 1046 年）的青铜器制品最为精美，从出土的青铜器来看，其制品种类丰富、纹饰华丽、造型优雅、风格独特。商代晚期作品"虎食人"在日本被命名为"乳虎卣"。它本为盛酒的酒樽，其造型的含义不明，有人说老虎食人 / 恶鬼，有人说是虎为人的守护者，还有人认为象征人兽共处、天人合一。这座酒樽的表面有着各种繁复又极精致的纹饰，是代表中国青铜制品最高水平的作品之一。

3. 中世纪至 19 世纪时期的平面设计

1）中世纪的平面设计

　　这一时期，以"哥特风"为主要特征的标新立异风格一直都是设计发展史上不可缺少的一页。古典风格的有限发展，是从古希腊、古罗马和古埃及的各种字体风格综合发展起来的，同时也包含了古典时期版面编排的特点。以长方形的书页进行布局，文字采用方形提斯提克体，插图往往采用红色边框，宽度与文字部分相同，工整地排列在文字的上方，如图 2-21 所示。

图 2-21　凯尔特人的插图设计

2）17—18 世纪的平面设计

　　新兴的资产阶级在欧洲出现之后，文艺复兴运动在这个时期得以轰轰烈烈地展开，它大力提倡"人文主义"，主张文学艺术应该表现出人的思想与感情，这种思想也让人们一改过去中世纪时期的刻板设计形象，转而开始关注感觉更加亲切的产品平面设计，如图 2-22～图 2-24 所示。

图 2-22　17—18 世纪的平面作品

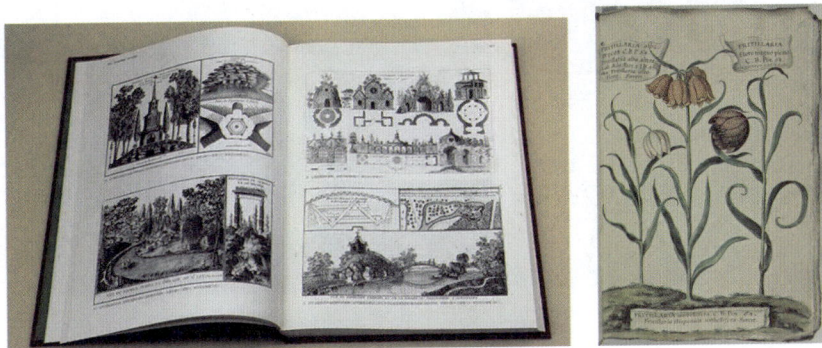

图 2-23　书籍内页设计

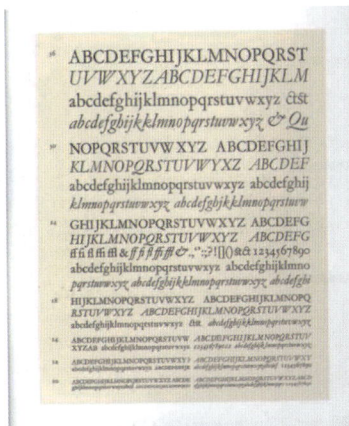

图 2-24　法国加拉蒙提字体设计

3）18世纪英国的平面设计及欧洲"现代"字体

18世纪前后，英国的插图设计也有着比较大的发展。这个时期，威廉·布莱克成为书籍插图设计的最杰出代表。在当时，欧洲平面设计发展行业中所弥漫的矫揉造作的"洛可可风格"已经使人感到十分厌倦了，印刷出版行业和广大的读者都希望可以通过对古典风格的重新认识与评价创造出一种全新的风格。当时的意大利人波多尼就是这个行业的设计专家，图2-25～图2-27所示为这一时期的字体及设计。

图2-25 卡斯隆字体

图2-26 威廉·布莱克的插图设计

图2-27 波多尼字体及版式设计

4）工业革命后印刷传达时代

早在 18 世纪中叶，活字印刷术的应用使欧洲的印刷业从此开始了一场革命。19 世纪，印刷技术进一步发展，印刷机械和印刷技术都有了更大的进步，由此也促进了平面设计的发展，如图 2-28 所示。

图 2-28　工业革命时期海报

4. 20 世纪上半叶的视觉传达设计

20 世纪 20 年代，德国包豪斯学院的思想成了彻底改变世界平面设计理念的起源。它们摈弃表现主义的表达方式，弥补机械学和艺术美学之存在的差距，并且一直致力于倡导平面设计必须以实用为首要条件的理念。1919 年 1 月，德国建筑设计师沃尔特·格罗皮乌斯在德国魏玛建立了包豪斯工艺美术学院。

包豪斯学院多年来出品的各种出版物对平面设计产生了长远的影响。其中，最重要的当属 1923 年的会展目录"魏玛公立包豪斯学院 1919—1923 年作品目录"。该目录由莫霍利 - 纳吉设计，由赫伯特·拜尔装订。它采用正方形开本，文字排在方格布局之中。整个设计可谓包豪斯视觉语言发展上的一个转折点。

莫霍利 - 纳吉提出应该将排版与摄影整合在一起，统称为"排版摄影"。在包豪斯的出版物《绘画·摄影·电影》中，他对这种新形式的意图作了说明，"排版是一种由文字构成的传送方式""摄影是一种能被人们的眼睛所了解的视觉呈现方式"，所以排版摄影是"一种从视觉上呈现的最精确的传达方式"。

无论在建筑设计、工业产品设计领域还是在平面设计领域，包豪斯都把现代设计运动推向了新的高度，开创了现代设计与工业生产相结合的新天地，图 2-29 是朱斯特·史密特设计的"包豪斯展览会招贴"。

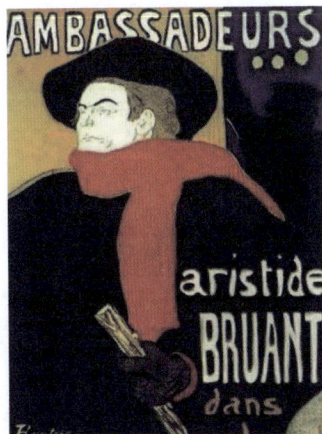

图 2-29　包豪斯风格海报

5. 第二次世界大战后的平面设计

1）设计形式的多样性

在 20 世纪 60 年代，设计领域已经出现了多元文化和谐共存的现象，优良与大众或流行设计之间的界限变得模糊不清。澳大利亚籍的平面设计师史蒂芬·施德明（Stefan Sagmeister）设计的作品极富视觉冲击力，如图 2-30～图 2-32 所示。

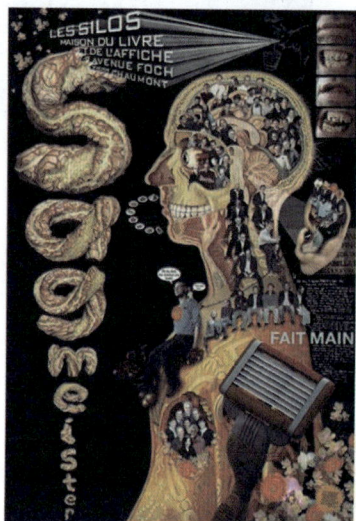

图 2-30　史蒂芬·施德明的海报作品

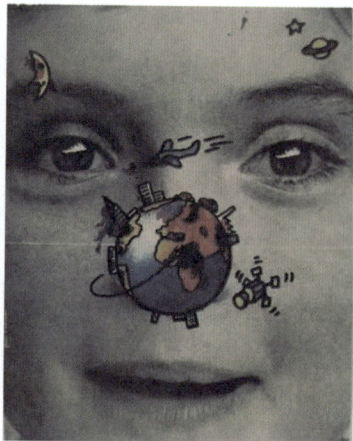

图 2-31　招贴画展

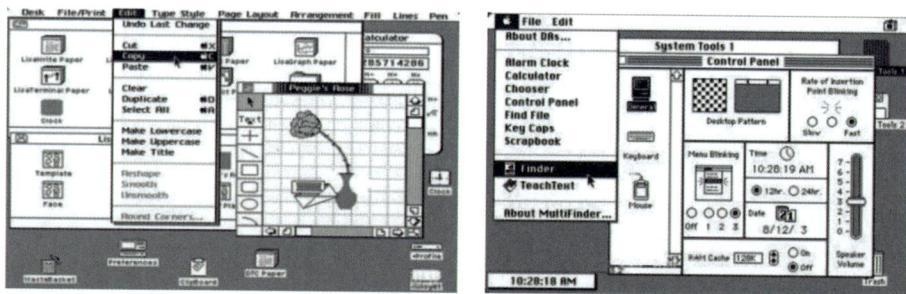

图 2-32　苹果计算机界面设计

2）新浪潮平面设计运动

（1）魏因加特。

德国设计师沃尔夫冈·魏因加特领导的新浪潮运动源于瑞士国际主义风格。它彻底颠覆了国际主义的构图原则，创造了一种新颖动态的设计方法。

魏因加特的这种新式风格被人们称为新浪潮平面设计风格或"瑞士朋克"风格。该风格一反国际主义的样式，以粗犷为特色，不再注重作品的易读性，不再遵循建立在一致的字间距和字体粗细基础上的常规的网格系统。同时，该风格还摒弃了段首缩进的传统模式，采用几何图形、艳丽的色彩和不规则的字体角度。

魏因加特善于打破媒介与技术中的限制和常规，创作的手段和媒介跨越了手工和机械铅活字排版、多重底片拼贴、复印机、凸版印刷与平版胶印等，甚至还尝试性地使用了数字化设计工具。他突破了铅活字排版中水平和直角方式构成的天然限制，大胆地改造字母与词语间距，通过使用多种字号形成强烈对比，灵活运用铅字素材和自创的材料改变整体的构成方式。

作品之所以有这种兼容并包的气度，得益于当时平面设计系的副主任凯瑟琳·麦考伊。她认为"版面设计也是一种话语"，也就是说欣赏图片和阅读文字是一个整体动作，而不是两个分开的行为。她的这种理念与魏因加特不谋而合，因此她十分推崇新浪潮运动。提起新浪潮运动，人们总是忍不住探讨这种设计的理论来源，其中提及最多的就是解构主义和后现代主义。事实上，现代设计中新浪潮风格就等同于后现代主义，如图 2-33 所示。

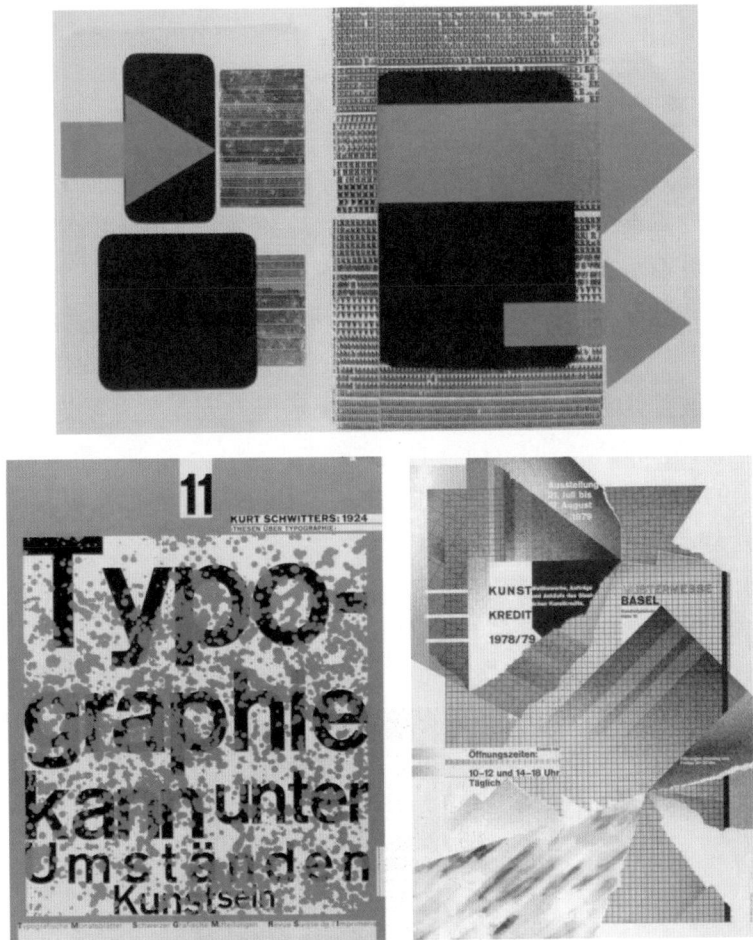

图 2-33　魏因加特的设计作品

（2）杰米·里德。

杰米·里德 1947 年出生于英国克罗伊登，英国艺术家、设计师，是公认的英国朋克设计艺术的代表人物。他的作品带有粗犷的达达主义色彩，在形式上类似于绑架勒索的信件，即采用从报纸和杂志中剪下的文字进行创作。他的代表作是他为性手枪乐队所做的设计。这些作品运用平面设计巧妙地诠释了朋克运动，具有强烈的视觉冲击力和震撼力。

他设计了一面饱受蹂躏的英国国旗，国旗因为经受过大火的洗礼和人工的撕扯变得破败不堪，不得不用别针将其固定，上面用夹子夹着补丁样式的乐队和歌曲的名字。杰米·里德为《上帝拯救女王》设计的唱片封套和海报延续了一贯的争议风格，在唱片封套上，他以塞西尔·比顿为伊丽莎白女王二世拍摄的肖像为蓝本，分别用歌曲和乐队的名字覆盖住女王的眼睛和嘴巴。在单曲的宣传海报上，杰米·里德运用了同一幅肖像，只是这次女王的嘴被别针缝了起来。在图像外的空白处，他手写上了歌曲和乐队的名字，甚至还写上了一段歌词，如图 2-34 所示。

图 2-34　《上帝拯救女王》海报

6. 20 世纪 60—70 年代波普艺术与非主流文化

1）波普艺术

20 世纪 50 年代，英国伦敦的一些青年艺术家以充满了达达式的戏谑、嘲讽和夸张的玩笑式创作方式，向阳春白雪式的艺术发起挑战，这就是"波普艺术"的起源，波普艺术从来就与高雅艺术势不两立。

画家理查德·汉密尔顿（Richard Hamilton）展出了一幅充满预言的小型拼贴画"是什么使今天的家庭如此别致，如此动人"。画中"波普"一词第一次出现在美术作品里，它包括了所有后来波普美术作品的形象来源，并揭示出"波普"的含义：通俗的（为广大观众设计的）、短暂的、可消费的、便宜的、大批生产的、年轻的、机智诙谐的、诡秘的、有刺激性和冒险的、谁也未曾料到的。"波普"传入美国后竟然如鱼得水，深得大众传媒的喜爱，于是被大肆宣传。20 世纪 60 年代，美国波普艺术声势浩大，如火如荼，人们几乎忘了它来自欧洲。波普艺术在美国的成功反过来又扩展到欧洲，于是，欧洲的波普艺术被视为西方当代文化"美国化"的一种反映，如图 2-35 所示。

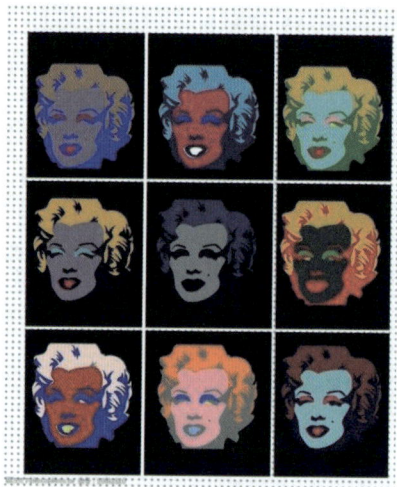

图 2-35　波普风格的海报

图 2-35 （续）

　　波普艺术并不是在创造风格，它是一种影响深远的文化现象，它使艺术发展与社会生活的关系更为密切，大大拓展了艺术的范围与手段，并促使人们去重新思考艺术的含义和作用。

　　波普设计的传播非常广泛，以在广告、招贴以及包装设计上的表现最为直接和显著。当年由于一种共同的社会文化新浪潮的冲击，波普设计顷刻间传遍了欧美。更有意义的是，大众文化对于设计的影响作用也从此成为设计领域中一个不容忽视的课题。

2）非主流文化

　　20 世纪 60 年代是美国历史上的一段动荡时期，社会充满了各种各样的反传统、反主流、反政府运动，对正式的文化进行挑战成为当时的潮流。在这股反文化浪潮中，许多青年利用放荡不羁的行为和活动从消极方面来抵抗主流、正统的文化，其中包括摇滚乐、披头士和波普艺术，也包括性解放、吸毒等内容。因此，这个时期的海报风格在一种激进、反叛的气氛中显出一种狂热、怪诞、放纵的特征，既具有强烈的时代色彩，又具有非常极端的个人主义色彩，如图 2-36 所示。

图 2-36　狂放不羁，自我宣泄的招贴设计

第二次世界大战后成长起来的一批青年人，对社会现实不满，蔑视传统观念，在服饰和行为方面摒弃常规，追求个性表现，长期浪迹于社会底层，形成独特的社会圈子和处世哲学，所谓"嬉皮文化"就是如此滋生的。后来的嬉皮海报代表了典型的反主流文化的激进特征，与波普艺术有风格相似之处，也有类似的动机和目的。这种嬉皮风格对平面设计并没有产生质的影响，只是 20 世纪 60 年代一道独特的文化风景。

"格拉普斯"设计往往都是政治性的，所以力求以简练的象征形象来涵盖复杂的政治内容，以实现最广泛、最高效的传达功能。字体常是涂鸦式的，显示出强烈的反主流、反传统倾向及破坏性和否定性的形式特色。"格拉普斯"在法文中有"渣滓""社会废物"之意。可见，这个名字含有明确的政治宣言的意味，因此，"格拉普斯"设计也就自然具有社会底层的反抗特征和反传统意味，如图 2-37 所示。

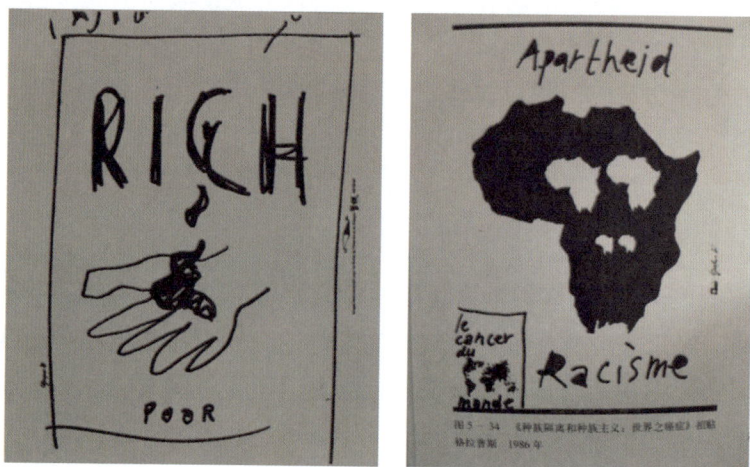

图 2-37 "格拉普斯"设计

这些狂热的反文化海报潮流无疑是动荡时期的反映，是异样的情绪激发出异样的设计，作为一种设计风格，它们为一个时代所特有。当一切喧嚣归于平静时，它们也就淡褪为记忆中遥远的呼声和日渐模糊的色彩了。

2.2.3　视觉传达设计的未来思考

视觉传达设计未来将更加重视技术整合与创新，以及跨学科合作。随着人工智能、虚拟现实、增强现实等技术的发展，未来的设计师需要掌握这些新兴工具，以创造更具沉浸感和互动性的视觉作品。同时，可持续性和环保意识的提升也将推动设计师采用更环保的材料和工艺，注重设计的社会影响和伦理责任。

1. 视觉传达与数字传达的困境

互联网的确使信息的传播方式发生了根本性的变革。从网络的功能上说，每个人都能够和世界上任何一个人进行信息的交流。在交流的过程中各种具有同一价值观的群体，在心灵上也存在着可以互相认同的象征符号，于是就陆续产生了多种以心灵维系为主要目的的"归属型群体"。这也可以说是现代人寂寞心灵的一个写照，人们期待着排遣孤独和寂寞感的商品出现。

　　信息社会群体的细分带来众多不同的需求并导致多元化设计的产生，个体与群体的疏离呼唤从生态到心态的人性化设计。对于人本主义和设计人性化的关注是从非物质主义的哲学观点出发的。个人的孤独感将产品的宜人化提升到了至关重要的位置上，以往的形式服从功能作为现代主义设计的旗帜早已日渐式微，取而代之的是形式服从情感的设计原则。因为今天的消费者得到的不应只是产品本身，他们通过愉悦地购买同时获得了情感价值与个性意识。

　　然而，网络时代的心理困境其实代表着一种恐惧：世界已经不那么具体，不那么容易掌握了。在你触手可及的范围内，它显得那么庞大。这种视野边界的无限扩张并不等同于个体行动的更为广阔的天地，从某种程度上说，行动范围反而日益地收窄。人们不再靠亲历世界来获得真实的认知，而是动动鼠标就可以解决相应问题。

2. 全球化与本土化

　　20 世纪 90 年代，全球化以摧枯拉朽之势荡涤、影响着人类社会生活的方方面面，以至于人们不得不从社会、政治、经济、文化等诸方面去审视、探究、反思它。

　　全球化不仅意味着世界资源和财富的不断再分配，也意味着文化和社会领域的国际性不平等，它既提供了巨大的期待和发展的可能，又存在着巨大的现实危机。它带来的变化往往是我们无法把握的，然而全球化又确实是关乎我们每个人的现实存在。

　　全球化不只是一个抽象概念，它是现代生活的一个众所周知的特征。颇有意思的是，全球化也在变成一种时髦的术语，它本身也像麦当劳、互联网和好莱坞大片那样被国际化了。也就是说，全球化是用以描述任何一种方式的国际关系和市场的国际化。全球化之所以没有统一的定义，困难就在于它描述的既是一种状态，又是一个过程。在众多全球化过程中，经济全球化被一致认为是全球化进程中最基本的动因和最明朗的表现。经济全球化主要是指生产要素以空前的规模和速度在全球范围内流动，是一国市场同国际市场的融合朝着无国界方向转变的一种过程和现实。

　　乐观地看，经济全球化的最大好处是实现了资源在世界范围内的优化配置，从而极大地促进了各国经济的发展。

　　从艺术的角度看，这种转变可看成一次富有戏剧性和重大意义的冒险，它为人的创造性提供了新的机会。21 世纪在文化上应是多样的，实际上，只有文化多元化是可行的。

3. 20 世纪 70 年代至今的视觉传达设计

1）朋克风格

　　朋克青年运动最早出现在英国的伦敦，并在 1976 年以令人惊异的方式震动了媒体，借助性感手枪、碰撞等前卫的流行音乐组合走上了前台。从一开始，它就以独特的语言风格、不同于传统的着装形式（主要是劳动阶层穿戴的街头服装或反街头服装）和反叛姿态成了一种惊人的亚文化现象。它对现有的权力结构采取了一种彻底的反抗态度，震惊了很多人，而这其实正是它所要取得的效果，如图 2-38 所示。

图 2-38　朋克风格的平面设计

2）孟菲斯风格

孟菲斯的作品让人振奋，近乎疯狂的作品得到了很多人的喜爱，尤其是孩子们，也唤醒了成年人的童心，使他们有一种身心从某种限制中解放出来的愉悦感。

孟菲斯风格的特点如下。

（1）高明度的色彩组合；线条、图案的随机排列搭配；几何元素的大量运用和空间填充。

（2）各式各样的几何图案是孟菲斯设计的经典元素之一，以正方形、圆形或三角形这类规则图形为主。

（3）与传统设计强调有序不同，孟菲斯的设计背景喜用凌乱与自由的组合方式。不管是细瘦的直线、粗体的波浪线，还是点状图案抑或是 3D 结构图形，你都能在孟菲斯作品里找到，如图 2-39、图 2-40 所示。

图 2-39　孟菲斯的设计 1

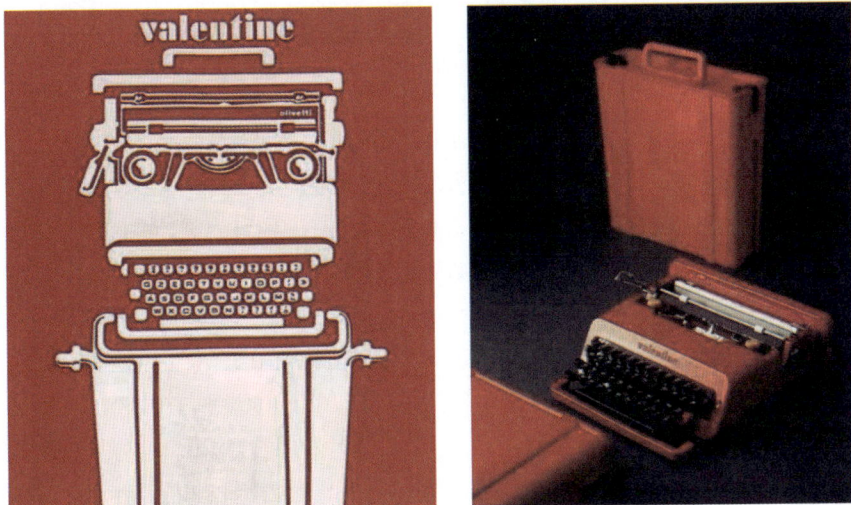

图 2-40　孟菲斯的设计 2

2.3 视觉传达设计的表现元素

视觉传达设计的表现元素包括线条、形状、色彩、质感、空间和排版，它们是构成设计作品的基础，共同作用于观众的感知和非语言沟通。线条作为最基本的元素，通过点的移动形成，可以是直线、曲线或任意形状，用于引导视觉流动、建立结构、表达动态感和表现力。形状是由封闭线条构成的二维空间，可以是几何图形或自由形式，对于构建视觉层次、引起情感共鸣及引导信息理解至关重要。色彩是设计中极具表现力的元素，能够影响观众的情绪，传递品牌信息，甚至影响决策，通过调整色相、饱和度和明度来创造适应不同设计目标的色彩组合。质感为设计作品增添触觉维度，模拟真实世界的材质效果或创造全新的视觉纹理，增强作品的视觉吸引力和表现力。空间布局则确定设计的组织结构和视觉层次，影响元素的排列和组织方式，指导观众的视线流动。排版是指文字的视觉呈现，包括字体选择、文字大小、行距、字距以及排版布局等，提高文字信息的可读性和美观性，通过创造性的排版强调某些信息，引导阅读流程，传达特定的语调和情感。这些元素在设计师手中被巧妙地运用和组合，创作出具有深刻影响力和美学价值的视觉作品。

2.3.1 视觉传达设计中的图像设计

视觉传达设计需要采用各种表现元素展现出不同的设计对象，其中，图像、文字、色彩、版式等多种类型的元素是现代视觉传达设计过程中所需要的重要组成部分，为此，本章针对视觉传达设计中的表现元素，分别对视觉传达设计中的图像设计、色彩设计、文字设计、版式设计展开论述。

1. 图像的基本概念

图像可能是最错综复杂但却使人心醉神迷的一项人类活动。在平面设计过程中，扮演各种不同功能角色的图像，可以说是林林总总，包罗万象，一般比较常见的是象征性图像、照片合成图像、手绘图像、彩绘图像，甚至连字体也可以成为图像。图像给文本提供了丰富的视觉对比，对于吸引观众注意也非常有利。

一幅图像最为关键的地方并非简单地去概括图像的主题。除主题以外，图像构成方式和制作技术方面也和其他的材料一起，综合地发挥出不同的作用，形成一个可以整合的信息，这时的图像才可以进一步突显出自身的重要作用。

2. 视觉传达设计中的图像表现

1）抽象表现

一幅图像，或许是进行极端的表现，或许是进行极端的抽象，但是在大多数情况下，都是表现和抽象的混合。纯粹视觉层面的抽象图像（就如同我们所看到的一样）传达的是源于人类自身体验的思想。

　　动态节律中的线条构成可能传达出来的是和运动、能量相关的微妙信息，并且不需要对照对象或参与体验。一张意欲表现出某种真实的照片，在某个层面上往往都是抽象的，它所记录的基本活动状态不仅不会真正地发生，而且往往不会被碾平成一个二维的形式，如图 2-41 所示。

图 2-41　抽象图像

2）图像模式与中介状态

　　不管原图的表现程度或抽象程度怎么样，都要选取各种各样的混合形式，如图片、插图（单色或是彩色），或者是修饰的照片、手绘图片等。图像不但需要提供清晰的信息，还一定要以显示、传达次级的信息与三级信息（即联想信息或品牌信息）的方式出现。图像的表现形式往往也被人们称作"模式"，它不仅包括简约的程度以及抽象的程度，还同时包括二者之间的中介状态。

　　图像指示物体的方式也是设计师必须予以考虑的一个方面。设计师在表现、示意特殊的对象时，也许利用了写实性的或者表现性的图像，但不会是对象本身的照片。这样的图像被称为"指示"，即通过联想指称它的主体。图像作为最直观的视觉符号同样具有两个层级的意义，由于视觉传达设计中的概念一般是给定的，因此，为意义匹配形象是图像设计的首要任务。

3. 图像编码方法

1）因意象形法

　　概念信息分为两大类，即具象和抽象，分别对应具体表现形象，便可以确定好单体运用或是组合运用。如"风"的概念通常都可以采用具象的摇摆树枝、风中行人等来进一步展现出来；有时候还可以采用一些比较抽象的动感线条、点，以及类似旗帜飘飘的形状来进行展现。图 2-42 所示为因意象形法的体现。

图 2-42　因意象形法

2）意象同构法

有的概念在日常生活中往往是不能直接生发出具体形象的，一般也都采用一些意义同构、形态同构或者强制组合的超现实手法，使图像的意义与形象变得更为匹配。

（1）意义同构。

一般而言，意义同构指的是不同形态事物中所包含的含义相同或是具有一些相似的因素，如图 2-43 所示，烟尘与城市、鱼与天空等意象同构融合表现环保主题的海报设计。

图 2-43　意义同构

（2）形态同构。

通常而言，形态同构指的是两个事物在性质意义上不同，但在视觉形态方面存在一定的相似之处，即二者存在能进行相互置换的因素，如图 2-44 所示，笔与飞机的视觉形态同构。

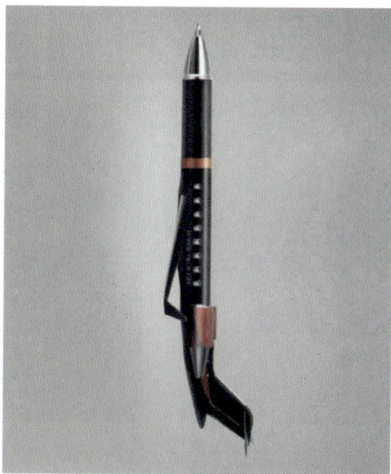

图 2-44　形态同构

（3）强制组合。

通常而言，强制组合是把含义与形态不存在任何关联的事物之间，根据设计的需要，使用图形手法展开强行置换、组合在一起，从而可以形成一个较为新奇的视觉形象，如飞马、美人鱼、狮身人面像等，如图 2-45 所示。

图 2-45　强制组合

3）视觉形式定位

同一信息含义的视觉形象通常会以不同的视觉形式表现出来，给人一种视觉感受层面的不同，特别是第一层级与第三层级之间在语义差别上最为显著。

（1）视觉元素。

同一形象利用点、线、面或者不同色彩、肌理等相关元素开展形式设计，可以形成完全不同的视觉效果，如图 2-46 所示。

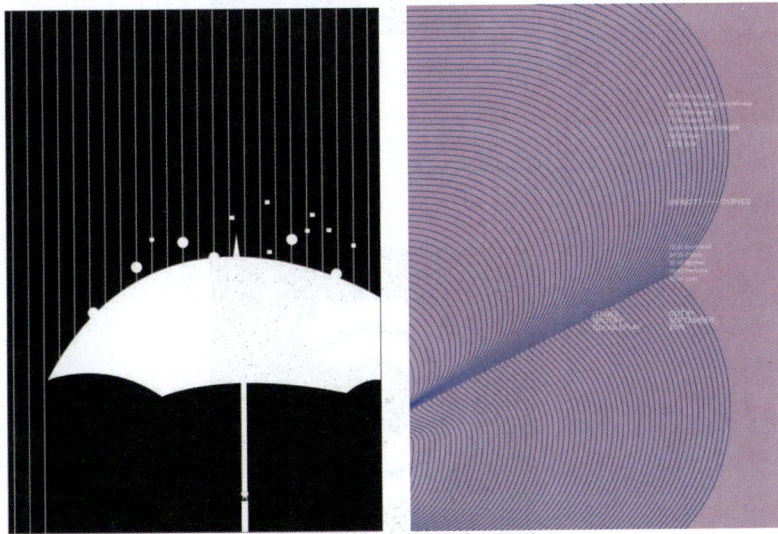

图 2-46　视觉元素

图 2-46 （续）

（2）图底定位。

运用图与底的规律处理图形，如图底反转造成视觉趣味、去图挖空形成心理期待等，如图 2-47 所示。

图 2-47　图底定位

（3）形式定位。

形式定位一般是指图形表现形式的最终确定，如一般比较常见的绘画、摄影、象形图等多方面的确定，如图 2-48 所示。

图 2-48　形式定位

（4）风格定位。

风格定位一般是指图形所表现出的风格选定，比较常见的标志设计风格定位有卡通风格、写实风格、超现实风格等，如图 2-49 所示。

图 2-49　风格定位

2.3.2　视觉传达设计中的色彩设计

视觉传达设计中色彩设计至关重要，需考虑色彩心理学、配色方案和品牌识别。色彩不仅能激发情绪反应，还能引导视觉焦点。设计师需巧妙运用色彩层次、对比和和谐，以增强作品的吸引力和易读性。

1. 色彩的构成要素

色彩有其独特的魅力，它赋予事物以美的形象，可以使其物体产生美感，如图 2-50 所示。色彩在视觉传达设计中扮演着重要的角色。在信息化的现代社会，人们将色彩运用到产品包装设计、广告设计、海报设计、标志设计、信息设计等不同的领域。色彩不仅承载着信息传达、情感和功能传递等多方面的附加功能，同时也起着唤起消费者的购买欲望、给消费者带来精神愉悦的作用。

图 2-50　色彩设计

1）色相

色相是指一种颜色的本体特征，如红、紫、橙等多种特征。这个本体特征往往也是光以特定的频率通过物体自身反射出来，进而被人们所感知的直接结果。当人们看到一辆绿色的小车时，并非是我们所看见的车为绿色的，而是我们看到了以某种特定的频率从车体上反射出来的光波是绿色的，而其他频率的光波已经被车体吸收了，如图2-51、图2-52所示。

图2-51　绿色的车、叶子

图2-52　色相对比

2）纯度

色彩的纯度主要是指每种色彩的饱和程度以及纯净程度。色彩十分热烈、鲜明的颜色被视作高纯度，色彩暗淡的颜色则被视作低纯度。如果色彩基本上看不出色相，例如暖灰色或十分暗淡的褐色，将被视作中性色。把两种不一样的色彩尽可能地放在一起，意思就是它们在色相环上尽可能地处在相对位置，这两种色彩的纯度都会获得极大的提高。假如两种色彩的面积之间存在很大的差别，效果往往也会变得更为明显；将面积比较小的色彩放置在面积比较大的色彩上，效果必定会十分明显，如图 2-53 所示。

图 2-53　纯度表现出的不同效果

3）明度

色彩的明度是指它固有的明暗程度。黄色属于一种比较明亮的颜色，紫色则属于比较灰暗的颜色。在这里需要说明的是，这些都是相对来说的。一种色彩能够被视作暗淡的或者明亮的，只是在和另外一种色彩进行相互对比的基础上得出的结果。黄色明度比白色低，白色是色彩中明度最高的，如图 2-54 所示。

图 2-54　明度对比

2. 色彩的相互关系

1）色彩关系

自 15 世纪以来，艺术家与科学家都在不停地致力于研究各种各样的方法将色彩感知编入视觉模式之中。色彩模式能够帮助设计者搞明白色彩关系，从而展开色彩创意。在这些方法中，最应该提到的是近代美籍教师约翰斯·伊登（Johannes Itten）发明的色相环，它的设计特色是由相互独立的十二个颜色组成，每种颜色填在大小一致且有明显分界线的十二格内，每对"补色"分别位于一条直径的两端，如图 2-55 所示。

图 2-55　色相环

2）色相关系

（1）类似色。

在色相环上彼此接近的色彩可以归为类似色。它们明显地各不相同，它们的关系主要还是表现在色温的区别上，如图 2-56 所示。

图 2-56　类似色

（2）互补色。

在色相环上位置相对的两种色彩互为补色，把它们混合在一起可以获得中性色。光线合成的中性色呈现为中性灰，而油墨合成的中性色则为暗褐色，如图 2-57 所示。

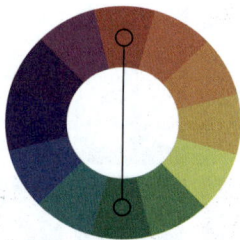

图 2-57　互补色

（3）三合一色。

三合一色有时也指分裂补色，是三种在色相环上彼此间隔为 120° 的色彩。每种色彩都是其他两种色彩的互补色，并与其真正的互补色等距，如图 2-58 所示。

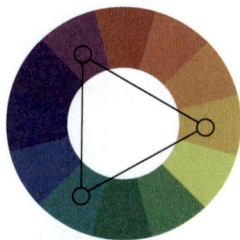

图 2-58　三合一色

3. 色彩的情感关系

1）色彩心理

色彩包含了丰富的心理信息，可以用来影响内容，包括图像和文字等色彩心理。色彩的心理特性和人类的体验都具有本能以及生物学层面的深度联系。波长不同的色彩往往会对我们产生不同的影响。冷色的波长较短，例如蓝色、绿色与紫色，处理它们所需的能量远远小于暖色，所以冷色能够减缓我们的新陈代谢速度，让人宽心，起到镇静的效果。但是，色彩的心理特性还和观看者的文化背景与个人经历存在着非常大的关系，如图 2-59 所示。

图 2-59　冷暖色彩

2）改变色彩，改变含义

由于色彩能够引起人们情感上的反应，因此，它对于图像包括抽象与具象图像的影响应该引起设计师的关注。首先，是"自然色"方面的问题，这种主要是以经验作为根据形成的事物的色彩在观众中引起人们情感的反应。例如，佩戴一条纯红色的领带，能够给人以威信与自信感。其次，全面处理图像色调的平衡，包括暖色或者冷色、强烈或者暗淡、浅绿色或者浅蓝色等，常常都会改变图像的心理特征。

最后，在将色彩巧妙融入文字或抽象形状元素的过程中，设计师必须事先进行深入而周全的联想与预设计算。这不仅关乎色彩的选择，更在于理解当色彩与形状相结合后，观者的大脑如何细腻地解析这些色彩信息。具体而言，色彩作用于形状之上，会激发观者的视觉感知，进而在脑海中引发一系列情感联想与认知反应。这一过程对于整体设计的成功与否至关重要，因为它直接影响信息的传达效果、情感共鸣的建立以及设计作品的整体吸引力。因此，设计师需精心考量色彩的搭配与应用，以确保最终设计能够精准触达目标受众，实现视觉与情感的双重共鸣。

2.3.3 视觉传达设计中的文字设计

几乎所有视觉传达设计都离不开文字设计，文字是视觉传达设计的基础要素之一。人们传播和接收信息主要来自文字。文字作为一种视觉符号，起着承载和传播信息以及表达思想情感的作用。在现代视觉传达设计领域中，文字设计占有很重要的地位。文字可作为标志，也可作为图形化的语言运用在广告、包装、展示、海报、书籍等设计中。

1. 文字设计的原则

1）强度性原则

文字设计的初衷就是能使文字凸显出来，所以，强调性是文字设计中十分重要的设计原则。按照设计的目的不同来看，文字所强调的点也会发生不同的变化。有些文字可以视作图形元素对美感加以强调，这就要加强构成感或肌理感等，如图 2-60 所示。

图 2-60　凸显的文字

2）识别性原则

在信息的多元化时代，人们被海量的信息淹没其中。文字设计要能以自身具备的独特个性去吸引观众的眼球，并且努力让人们可以比较容易地识别出来。精心地设计出文字的识别性，能构成人们认知品牌的视觉核心，图 2-61 所示。

图 2-61　识别性较强的文字

3）易读性原则

易读性原则通常也是进行文字设计时最为重要的、基础性的准则。在现在纷繁的文字设计过程之中，有非常多的文字设计一味地追求个性，忽视了文字的阅读功能，这通常也会给观众带来很多麻烦。文字设计需要建立在易读的基础上，否则所有的设计都将变得毫无意义，如图 2-62 所示。

图 2-62　易读性文字

4）整体性原则

在进行文字的设计过程中，无论是文字型的标志、词组或者一句多字的标语，都需要将其当作整体进行设计，在表现出设计文字的风格和表现手法方面也需要做到统一。在文字整体性的设计过程中，还需要注意文字笔画在粗细、形状、方向等多方面保持一致性，如图 2-63 所示。

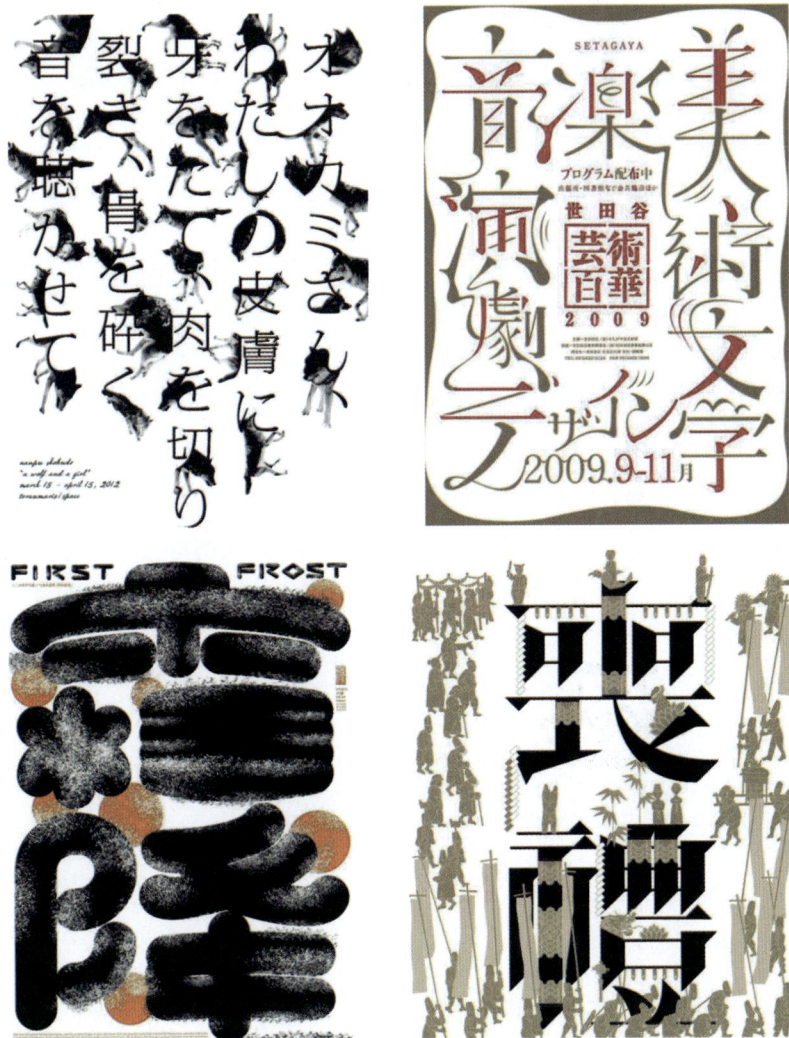

图 2-63　整体性文字设计

5）图形性原则

现代社会的发展，使我们已经习惯于生活在读图的"海洋"中，现在人们每天都会面对数量庞大的信息。文字被图形化以后，不但能够比较准确地传递出文字的信息，还可以把图形的生动、美观性带到文字中来，赋予文字双重功能，如图 2-64 所示。

图 2-64　文字设计的图形性

6）艺术性原则

艺术对人类的影响是非常大的。它能够对人类生活起到重要的美化作用，也会对人类的心灵净化起到重要作用。文字设计通常都是艺术传递的一种视觉载体。文字设计的作用除了需要传递相关的信息外，更加重要的一点是可以很好地满足人们的审美需要。所以，设计师就需要充分地了解各种各样的艺术流派，提高自身的艺术修养。在进行文字设计时，有的是用点构成字母，传递出美的艺术感受；有的是将笔画进行归纳处理，加强笔画的横细竖粗对比，呈现出非常强烈的艺术美感，如图 2-65 所示。

图 2-65　艺术性文字设计

2. 文字字体造型设计的风格

1）中文字体造型风格

宋体与黑体属于我国现代汉字的基本印刷字体。

宋体的出现主要归功于活字印刷术的出现和使用。宋体俗称为"老宋体"，也叫"明朝体"，整个字体也是从"永字八法"推展而来的，具有十分鲜明的"横细竖粗，撇如刀，点如瓜子，捺如扫"特征，结构方中带圆，端庄而稳重，是在书刊印刷层面应用得最为广泛的一种字体。

仿宋体通常都是仿造老宋体的形态变化而来的，也叫"仿宋"。该种字体笔画的粗细一致，起落笔也有鲜明的笔顿，横斜竖直，字形方长，秀丽而活泼，明锐清新，设计界常常使用这一字体作为标题。

黑体也叫"方体"，笔画粗壮而有力、醒目，形象十分单纯，没有多余的装饰，有鲜明的力量感与重量感，适合作为标题使用。它的出现和商业发展存在一定的关系，也是非常现代的一种字体，如图 2-66 所示。

宋体：美丽

仿宋体：美丽

黑体：美丽

图 2-66　不同字体

2）拉丁字体造型风格

拉丁字体的形式和书写规律是：从大写到小写、从正体到斜体、从古典字体到现代字体、从古罗马体到现代自由体，这些体式和中国的汉字在印刷体方面存在一定的相似之处。它主要包括古罗马体、巴洛克字体、现代罗马体、自由现代体。

古罗马体在文艺复兴时期出现，也叫"文艺复兴体"，这一字体凸显出朴素、庄重、典雅的风格，适合在一些比较高档、名贵的礼品包装中使用。

现代罗马体又称"古典主义体"，形成于 18 世纪 60 年代时的英国工业革命时期，它的笔画粗细对比非常强烈，字脚的饰线呈现细直状，给人一种理性、严肃的感觉，具有明显的典雅庄重之感。

现代自由体主要是在 19 世纪初期出现的一种新拉丁字体，和中国楷书与隶书比较相似，横竖笔画一致，省略字脚，造型看起来明朗且富有现代感，活泼奔放且富有变化，主要的字体呈现出无饰线体、加强字脚体、图形体，如图 2-67、图 2-68 所示。

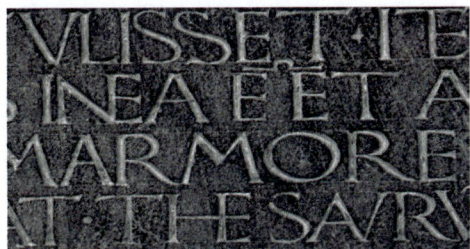

图 2-67　文艺复兴字体

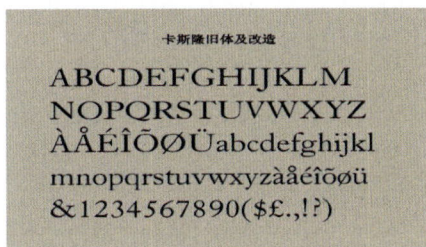

图 2-68　卡斯隆字体（现代罗马体）

由此可见，在进行文字设计时主要都是对构成文字的形态、笔画以及结构的形式做出相应的探求，只有在对现在的字体做出比较充分了解的前提下，才可以做到创新，设计出多种形态与风格的变体字，才能够做到变而不乱，变而不散。

3. 文字设计概要

文字设计主要存在三种形式，即形象化、意义化、装饰化。

形象化就是文字的图像化，根据文字所表现出来的内容含义，对文字的笔画或者文字的形态整体特征做出艺术手法的强化表达，从文字部分空间配入图像，让文字在视觉更富有直观性、象征性、标识性，不但可以作为能够辨别的文字，还可以作为图案，引起人们的视觉关注。图像可以由图案性元素、摄影性元素、插图性元素以及抽象性元素等构成。

意义化也就是文字的意象化，主要是指把文字内涵特质赋予视觉化传神表情，并且构成自身趣味的一种设计方式，让人可以一目了然地感受其艺术感染力，从而能够达到图像文字造型的直接目的，在意境、情绪等多方面都可以突出字体的个性化特点，如图2-69所示。

图2-69　文字的意象化

装饰化主要是通过修饰与附加纹样来显示出文字精神面貌的一种重要的表现手法。装饰化主要侧重的是文字氛围所表现出来的艺术渲染，就如同我国民间艺术中的传统习俗一样，常常巧妙地利用花卉、人物故事、吉祥寓意以及字形、字音与词义等多方面之间的相互融合来装饰文字，如"寿"或者"福"字都可以衍生出"百寿""长形寿""团花寿""百福"等多样的变化形式，用以增加字体的喜庆气氛、敬老祝寿象征，如图2-70所示。

图 2-70　装饰化"福"字

2.3.4　视觉传达设计中的版式设计

版式是视觉传达设计的基础要素之一。如果我们把文字、图形比作棋子，那么版式就是棋盘。棋子离不开棋盘，反之，没有棋子的棋盘也毫无意义。所以，版式设计是以文字、图形和色彩为主要设计要素的设计形式。近年来，随着世界范围内视觉传达设计的迅猛发展，作为其主要表现形式的招贴、海报、包装等应用越来越广泛，特别是在逐渐发展的网络时代，视觉传达设计逐渐向立体化、数字化和环境化的方向发展，随着设计媒介的不断增加，版式设计的范围也随之扩大。

1. 版式设计的视觉空间

信息只有通过视觉媒体，才有可能被人们的视觉所感知。视觉符号往往也会借助一些可视介质组合配置于具体的视觉空间之中，体现为物理视觉形式，如人机界面、印刷版式、招贴画面、影视屏幕等。

文字、图形以及标志在版式中所进行的配置也是视觉传达设计的核心所在。各种不同的版式设计要素中，以影像表现出最典型的具象性，其传达的信息同样也是最为直接的，绘画的插图则次之，但是并非绝对，精心描绘的插图与计算机三维绘图能够达到甚至超过摄影写实逼真度，而摄影所采用的数字化处理技术同样也能够创造出与绘画一样的意境与风格。同样地，文字、标志往往也是可图形化的。版式的视觉传达设计通常都致力于易读的功能以及吸引人的美感形式。

2. 版式设计的基本原理

版式设计要素通常都可以还原成具有一定形状、大小、色彩等多种视觉特征的点、线、面基本元素，它们在版式设计过程中所处的位置和方向共同构成了相互之间的不同视觉关系，从而进一步形成了各种形式的风格，但是就其本质而言，所依据的原理只有一个：多样和统一。多样是指有所差别，如大小、明暗、粗细、动静、强弱等，相互间的不同形成对比，对比形式在视觉上打破沉重，形成动感，使画面充满活力，给人以视觉愉悦感，但过度的多样变化则容易使人产生视觉疲劳。统一是具有共同的要素和隶属，统一的视觉形式产生关联、稳定和协调，给人以心理上的安定，完全的一致则易使人有呆板之感。所以，版式设计的目的就是以多样和统一原理进行适当组合，形成对视觉的吸引力和视觉空间秩序。

1）对比和统一

对比关系通常都是产生视觉刺激的重要基础，是活跃视觉空间最为基本的要素，如明暗对比、方向对比、大小对比、曲直对比等。在版式设计中，直线型的文字、字行和插图构成了典型的曲直对比关系。同类的形态能够使用大小的变化形成鲜明的对比，如小字的精致优雅和大字的雄浑有力。粗大的字体如果是以圆角进行处理，则有别于方角的刚劲，给人一种比较温厚的感觉。在视觉传达设计中，常常是以大字形成一种强而有力的视觉冲击，首先需要吸引观众的注意，再用小字作具体说明，使用视觉来诱导完成信息传达。所以，大小关系是形成视觉流程的关键之一。各种对比关系所形成的综合运用，产生更为丰富的变化，就好像是大小字之间的对比，空心体大字和实心粗体小字的对比视觉效果就和单纯的同字体大小对比是不一样的，这是因为前者包含有典型的明暗对比关系，如图 2-71 所示。

图 2-71　版式的对比和统一

使版式中各个组成部分都包含有共同的某种特点，是协调视觉空间结构的重要方法。如共同角度、同类外形、类似色调等，相同特征的形成往往也统一了调子，让版式具有一种整体感，而同类形象的反复往往也比较容易形成典型的节奏感，从而形成版式层面的视觉效果，如图 2-72 所示。

2）平衡和动感

视觉层面的平衡主要分为对称平衡与非对称平衡两种。对称平衡一般包括左右对称、上下对称、放射对称等多种形式。对称版面属于秩序型的设计，给人一种比较庄重、稳定、平静之感。非对称平衡往往都是各种不同版面因素能形成的视觉力的综合状态，

图 2-72　版面的整体性

这种平衡大多富于变化，但是又暗含了秩序。平衡与水平线往往也都具有典型的平静、稳定感，斜线、不平衡往往会带给人一种动感。因为人眼习惯于视线横扫的视域范围内，所以，截断视线的垂直线往往也具有跳动感与上下伸展感。动感的视觉形象很明显要比静态的画面产生的视觉冲击力强，瞬间印象比较深，这也是招贴画等一些广告形式中常常使用的版面形式，如体育健身主题、音乐舞蹈主题和针对青少年的广告等方面，如图 2-73 所示。

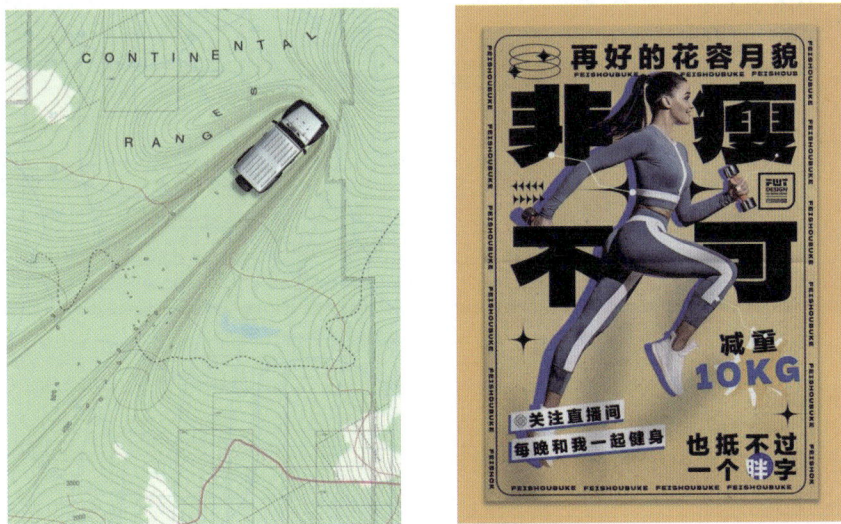

图 2-73　视觉的动态平衡

3）图底与视觉空间

明晰、确切的图底关系往往是形成视觉秩序的重要基础，同样也是形成视觉前后空间层次的一个最为基本的要素。在版面空间中，把多种视觉元素按照图底关系的基本规律顺序进行排列，如从大到小、从明到暗、从密到疏，就能够形成一个比较清晰的视觉空间梯度结构。空间梯度结构往往会用在自由风格的编排设计方面，以此来形成一种潜在的视觉秩序感。另外，运用图底反转的基本规律实施趣味设计，通常也会有助于吸引人的注意力，强化人的记忆，如图 2-74 所示。

图 2-74　视觉空间的梯度关系

4）主次和网格

主次分明、重点突出、把视觉焦点集中于主体层面属于视传达设计最为基本的要求。放大比例来突出主要的形象，可以使人立即把握住传达的重点，如图 2-75 所示。

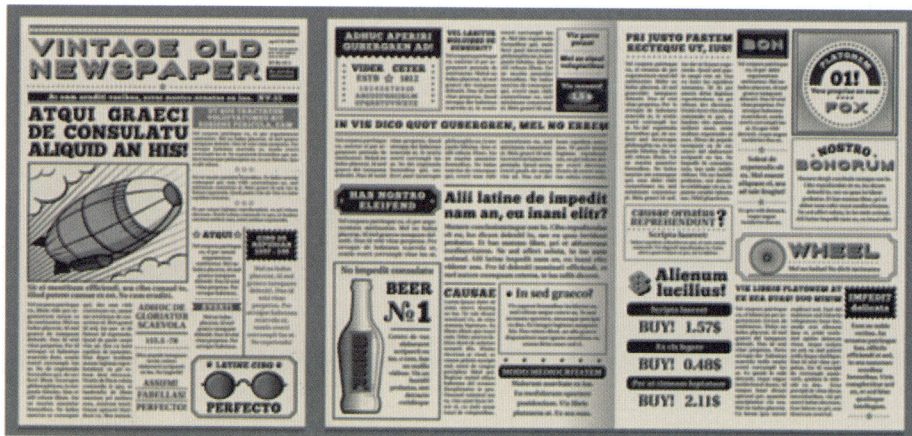

图 2-75　主次和网格的使用

5）群组和空白

版面设计应该具有典型的群化分类意识，在黑、白、灰方面的比重关系中，具有典型的面性质的字群往往属于灰调的主角。图片的群组化也是进一步加强视觉秩序感十分重要的一个方法，把隶属于不同主题的图片分成完全不同的群组，对于视觉传达非常有帮助，也让人易于理解其内容。版面层面的空白让观者的视觉获得了间歇性的休息，形成了典型的一张一弛节律。同样的图片、文字内容，版面中往往都会留出空白，常常会让人感到轻松自由，从而以比较舒适的心情进行阅览。空白大的版面一般都同高品位、高格调存在紧密联系，如图 2-76 所示。

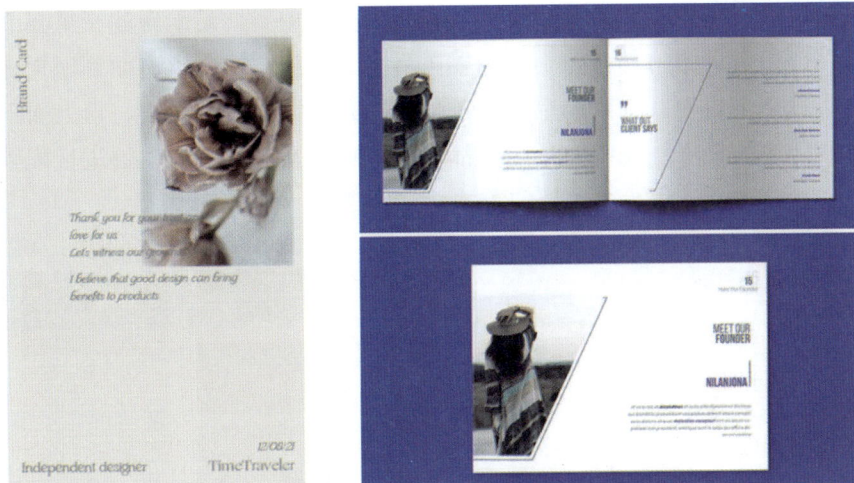

图 2-76　版面的留白

在版面设计中，当图文元素密布、几乎不留空白、营造出一种热闹非凡且信息量丰富的视觉效果时，通常通过版面率来衡量这种空白量与信息密集度的关系。版面率，简而言之，就是图文内容所占面积与整个页面面积之间的比例。高版面率意味着页面被图文充实，给人以信息量大、充满活力的印象；反之，则呈现出更为简洁、留白的风格。设计中的版面率高低应该是以传达功能为基本原则的，以传达出大量信息作为直接目的的版面，往往不适合采用留白多的版式，如图 2-77 所示。

图 2-77　密排版面

6）版面构架和视线引导

版面一般都是矩形，所以，版面的四角是整个画面最重要的控制点，四角连线构成了版面的外缘、对角线和中心点，形成一个版面潜在的构架，是配置图文重要的参照。在构架使用方面，通常只做出部分控制，如果在所有的连线与控制点方面都配置上文字与图片，往往会造成完全封闭、拘束的空间感。另外，人习惯于自左到右、自上而下地进行观看，右下角是视线的终点，视线引导往往都是把视觉元素遵循视线轨迹进行配置的。视线引导往往也是形成视觉流程十分重要的方法，如图2-78、图2-79所示。

图 2-78　版面构架

图 2-79　版面视线引导

图形是视觉传达设计的要素之一。作为一种非文字符号，它是最易传达、识别和记忆的信息载体。一幅设计作品，人们对它的文字要素往往要通过阅读和思考，才能认识和理解。而图形传达的信息是直接的、明了的，并且比文字信息更具有视觉冲击力。图形作为一种无声的视觉语言，具有直观性、有效性和不受文化、语言、地域和国度等条件限制的世界通用性，例如像"禁止吸烟""时速限制"等公共性的标识。视觉传达设计的图形表现可以通过写实、抽象、幽默、夸张等手段来吸引读者，实现信息传达的目的，如图2-80所示。

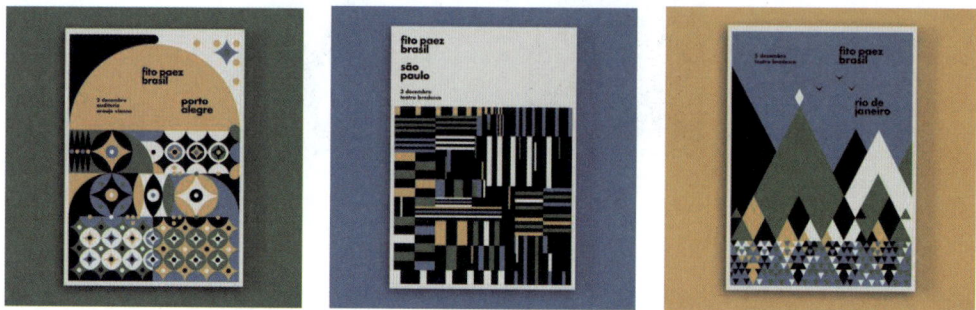

图 2-80　图形设计

观看视频

2.4　本章小结

本章主要讲述视觉传达设计概述、视觉传达设计发展史和视觉传达设计的表现元素。

通过本章的学习，读者能理解并掌握视觉传达中设计的表现元素，懂得这门课程的学习意义，并能通过展示国内外的一些优秀设计作品进行分析说明。

2.5　课后作业

1. 复习本章重点内容，掌握要点知识。

2. 书面作业：拥有新的视角、新的发现，才会在设计中获得新的表现角度，在第 1 章查找的 10 个有趣的设计中找出 3 个与专业相关的设计，并临摹。

（1）交作业时间：下一次课。

（2）交作业内容：3 幅作品，纸张大小不限。

3. 课后思考题：设计思维与表达有哪些表现方法？

4. 小练习：

（1）课堂上请同学举例说说生活当中见到的令人印象深刻的平面设计。

（2）课外收集具有鲜明特征的设计作品作为创作素材。

第 3 章　从观察开始的设计思维

　　从观察开始的设计思维是一种以用户为中心的设计方法，它强调深入用户环境，仔细观察和理解用户的行为、需求和痛点。设计师通过观察用户与产品的互动，挖掘潜在的设计机会和创新点，从而生成更加贴近用户、符合用户需求的设计方案。这种设计思维注重实证研究，避免仅凭主观假设进行设计，确保设计解决方案的实用性和有效性。

观看视频

3.1　观察与观察力

观察与观察力是认知过程中至关重要的两个元素。观察是获取信息和数据的基础行为，它要求个体有意识地注意周围环境中的细节、事件和现象。观察包括选择性地关注特定的事物，同时忽略不重要的信息，以形成对某一情境的初步理解。而观察力则是观察的质量，即个体进行观察时所表现出的敏锐度、准确性和深度。观察力决定了一个人从观察中提取关键信息的能力，以及对这些信息进行深入分析和综合理解的能力。

3.1.1　什么是观察

观察是生活中的一部分。看不等于看见，看见不等于看懂，看不懂的看见就不是观察。例如，电影里闪过的镜头，你看到了但记住内容了吗？人们对电话机都很熟悉，但你能凭记忆准确地画出按键的排列吗？没有记住就不是观察。

人的眼睛会看到大量的事物，如果不是有目的性地看，只是随意地看、走马观花地看，就不会注意到事物的细节，所以看见不能算是观察。观察指通过眼睛、手等感觉器官或工具，对外界事物进行有目的、有计划的感知和描述。观察是一种积极的探索，不是一种像照相机似的被动接受。

洞察和观察是近义词，不是同义词。洞察在某种程度上比观察更深一层，是观察的升华，更能发现事物内在的含义。看—观察—洞察是递进关系。

在生活中常有这样的体会：到超市去买东西，如果目的很明确，就会直奔该商品专区，其他的商品好像都看不见、不存在。在黑暗的夜里走路，人的视线紧跟一只手电筒发出的光柱，视觉的选择与每次照射的范围有关。只有反复地观察，尽可能观察事物的多方面，才能全面地看到事物的全貌。看见只是见到事物的表象，观察却是透过现象发现事物的内在含义，观察是一种有意图的知性活动和理解过程，如图 3-1 所示。

图 3-1　观察是什么

3.1.2　观察中的情感力

观察受到人的情感和认知的限制。观察不仅是一种生理行为，同时也是负载着情感、认知和理智的心理行为，是具有内在建构性和阐释性的复杂活动。情人眼里出西施，很多人对自己喜欢的物品就会多看，不喜欢的就不看，甚至看了也没有记住。一个人阅历越丰富，历史知识越多，看古典小说时发现的东西就越多。如果一个人到陌生的城市去旅游，他对该城市的了解越少，那么他观察到的事物就越少，反之就会越多。

究竟"看"与"所见之物"之间有着怎样的联系？一张白纸上，四条线勾出一个四方形，这便是"可见之物"。当观看的密度达到一定的程度，人们就会意识到同等强烈的力量，透过他正在仔细察看的现象，向他袭来。

案例 3-1：《青椒 30 号》。

《青椒 30 号》是美国"纯粹摄影派"的代表人物爱德华·韦斯顿（Edward Weston）拍摄于 1930 年的作品。爱德华·韦斯顿的摄影哲学就是观察事物、在凝视中发现潜藏其中的生命的真实。我们从爱德华·韦斯顿的照片中可以看见图像抽象、多义。若不知道这是青椒的话，从图片里能看见什么？可能会猜测它是拥抱的人体、背部、耳朵、树干、皮夹克、石头等，是不是青椒并不重要，这不存在认知的对错与否的问题，重要的是，我们在"观看"的同时进行了判断，这是不可否认的事实。

我们无论从《青椒 30 号》中看见了什么，其实都是我们调动起自己的生命经验去进行解读和判断的结果，这是一种视觉认知的提炼。观看活动本身是不可分割的一个部分；视觉认知是一种天赋直觉，它不仅是眼睛简单的观看活动，而且是人的整体心智所感知、理解事物的手段，如图 3-2 所示。

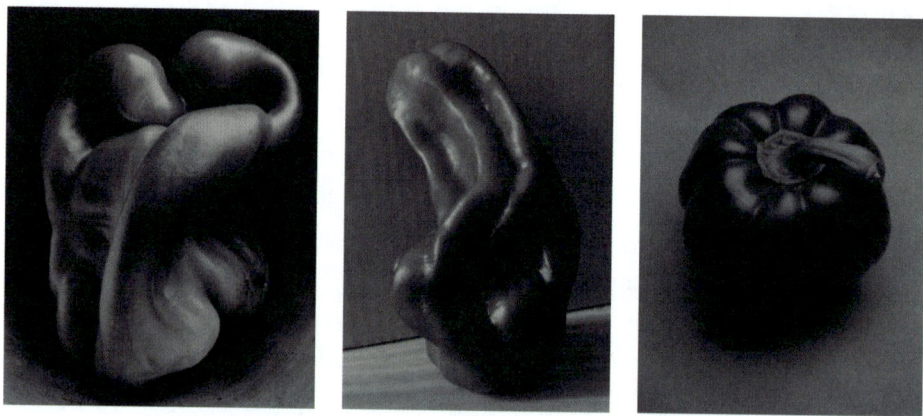

图 3-2　《青椒 30 号》

3.1.3　观察中的认知力

案例 3-2：《意象的不忠》。

和摄影作品《青椒 30 号》不同，勒内·马格利特（Rene Magritte）的绘画《意象的不忠》（*The Infidelity of Imagery*）虽然画有烟斗却在下边写了一句"这不是一支烟斗"，从而与现实发生矛盾，成为超现实的一种指向：对事物的想象不能与事物的实体或真实混淆，所有的事物并不是它外表所呈现的那样。勒内·马格利特的画作常把表象的观看引向一种对定义的探问和思考，借此向规则化的社会发起挑战，也向人们已经接受的看和想的方式发起攻击，如图 3-3 所示。

图 3-3　《意象的不忠》

假如摆在眼前的是有着明确形状的红苹果，我们的观察会有何不同呢？这"可见之物"会让我们想到什么呢？联想的结果出人意料：水珠、法拉利、iMac、毛毛虫、啤酒肚、食欲、笑脸、上甘岭战役、花样年华、计算机、牛仔服、牛顿、白雪公主、回家、宁静的燃烧、新概念作文大赛……明明只是红苹果，怎么会想到这么多？这说明人们对客观对象的认知会因事物、环境、心理或境况不同所见各异。

再换一个角度，如果面对的是苹果公司的标志，对其进行图形想象，其他主题也可以，如图 3-4、图 3-5 所示。

图 3-4　杯子怎么了

图 3-5　灯泡怎么了

结果又如何呢？视觉思维涉及诸多方面，无论是质感联想、色彩联想、水果属性联想、字面意义联想，都与内在的情感比喻、个人经历、学历修养相关。

案例 3-3：提高保护我们蓝色星球的意识。

艺术家考特尼·马特森的雕刻陶瓷装置"提高保护我们蓝色星球的意识"是美国驻印度尼西亚大使馆的艺术展品，如图 3-6 所示。它描绘了一群珊瑚、海葵和海绵螺旋成骨骼。通过引起人们对这一问题的关注，考特尼·马特森希望促进珊瑚保护并鼓励人们寻求解决方案。

我们被对象物所"捕捉"，并从中进一步认识了自己，当我们意识到审美的"间歇"

是如何作用于我们的心理时，我们就明确了一个显而易见的事实：当观察距离、角度、注意力发生变化时，视觉效果和审美意识也会随之改变。对于这样的结果我们应当如何审视与理解呢？这是方式方法的问题，也是观念的问题，它涉及创作和观看的要素。

图 3-6 "提高保护我们蓝色星球的意识"艺术展品

观看视频

3.2　观察角度的秘密

我们的观看处于"屏蔽"的状态。我们看见的是被自己分类并加以概括命名出来的事物或现象，而不是具体、真切、鲜活的存在。人们在成长过程中学会并习惯把感受到的一切都转换为概念，把特定因素加以概括、归类并命名，围绕这一过程逐步建立起了所谓的"认知系统"，如图 3-7 所示。

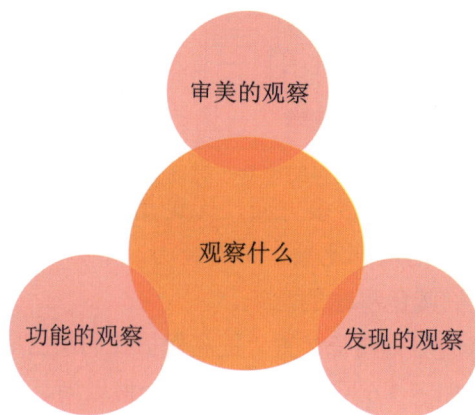

图 3-7 观察什么

3.2.1　审美的观察

在观察对象过程中找到能让人们感官愉悦的元素，这便是审美的观察，其既有思维又有情感的反映和认识，并由这种认识产生情感上的满足和愉悦。

3.2.2　功能的观察

功能的观察指观察新产品和老产品功能的不同、改进的原因，以及是否更合理、更环保、更科学。

3.2.3　发现的观察

发现是一种具有创造力的行为。鲁班根据小草的齿叶会划破手指，发明了锯。不仅要善于观察，还要善于发现，但仅仅做到这些还不够。在观察事物之前，还需要弄清楚观察的目的，然后在观察中结合设计思维并加以论证，最后找到人们真正的需求。

案例 3-4：画作《夏日》。

16 世纪意大利画家朱塞佩·阿奇姆波多（Giuseppe Arcimboldo）的绘画喜欢用水果和蔬菜组成画中的人像，同时，他也习惯用壶、盘甚至工作器具制造出怪异的形象，如画作《夏日》，近看像菜农的梦境，离远一点看，却浮出一个人的肖像。画中内容全部是夏天的水果和蔬菜——桃、葡萄、李子、黄瓜、西葫芦等。他的这种创作手法令观者大感兴趣，不少画家模仿他，并被超现实主义画家引为同道，如图 3-8 所示。

图 3-8　画作《夏日》

案例 3-5：喜力啤酒广告。

观看活动是一种复杂的互动过程，它涉及外部客观事物的固有属性与观看主体内在本性的交融。不同的个体在观看同一对象时，其结果往往是对象与观看者双方交流互动的产物。观察的创造性根植于人的视知觉活动之中,这不仅仅是一种被动的观看行为,更是心智积极参与的思维过程。事实上,大脑未能意识到的内容,眼睛也无法真正捕捉到。

以喜力(Heineken)啤酒超细瓶装新上市的广告为例,其瓶身的纤细设计成为创作灵感的源泉,如图3-9所示。这种将自然本能举动提炼为精妙创意的过程,展现了观察中细微之处的非凡价值。观众在欣赏这一广告时,不仅能感受到其中的幽默,更能体会到创作者对生活的深刻洞察和对平凡事物的独到见解。这种精彩,正是源于对观察活动的深度挖掘和创造性运用。

图3-9 喜力啤酒广告

3.3　观察的方法

观察是一个过程。观察分为全面观察、比较观察、写生观察和分析与整理观察，如图 3-10 所示。在观察过程中，设计师应用文字、绘图、制表、摄影等方式做好记录。这样在需要时，记录下的资料就能派上用场。

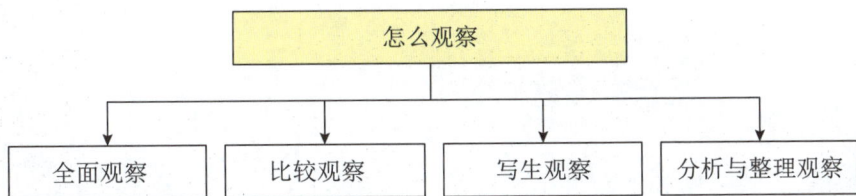

图 3-10　怎么观察

3.3.1　全面观察

全面观察指侧重于从不同的位置、视角和视点的观察。设计师要能够客观地、不带偏见地、用全新的眼光观察眼前的事物，会发现以前从来没有发现的新奇之处；既要注意事物的特征，又要注意事物的整体和局部。

1. 改变位置的观察

从不同方位观察紫砂壶的形态，如图 3-11 所示。

图 3-11　从不同方位观察紫砂壶的形态

2. 改变视角的观察

改变常规的视角去观察事物，就会发现平时没看到的美。

71

1）俯视航拍

利用现代工具能给人们提供全新的视角，让人们能够更好地观察世界。例如，航拍让人们感受到河流、梯田的壮美，如图 3-12、图 3-13 所示。

图 3-12 "曲峡"宝泉

图 3-13 元阳梯田

2）改变常规视角

对一些常见的事物进行俯视和仰视观察，如改变常规视角观察楼梯，会给人们带来全新的视觉体验，如图 3-14、图 3-15 所示。

图 3-14 俯拍视角

图 3-15　仰拍视角

尝试改变习惯的视角去观察事物，能帮助人们打开全新的思维，如图 3-16 所示。

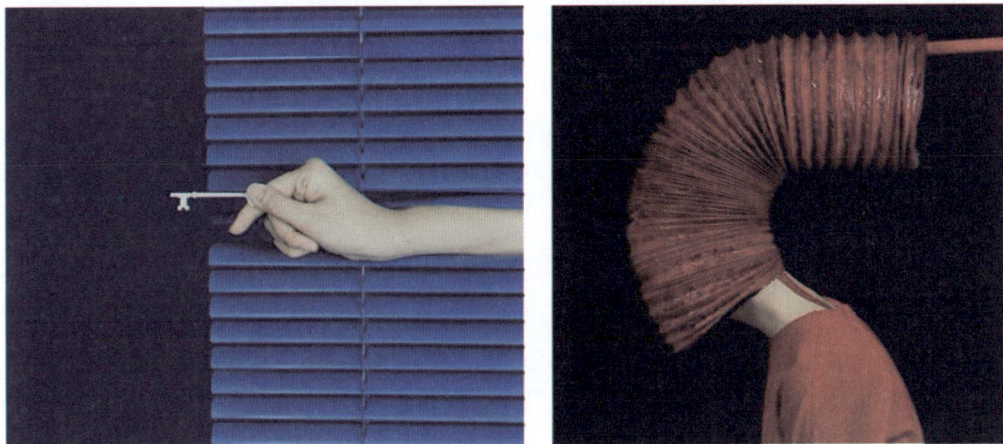

图 3-16　趣味拍摄

3. 改变视点的观察

视点不同，所观察到的内容也不同。如图 3-17 所示，观察鲁宾之杯时，人的视点是先落在黑色画面上还是先落在白色画面上与所观察到的内容有关，先看到黑色，那么就看到两个侧面人影；先看到白色，那么就看到杯子。如观察另一幅画面，如图 3-18 所示，你是先看到少女还是先看到老妇？观察第三幅画面，如图 3-19 所示，神秘的骑士是向右行进还是向左行进？这都与人们的视点有关系。

图 3-17　鲁宾之杯

图 3-18　肖像

图 3-19　神秘的骑士

4. 整体和局部的观察顺序

观察事物要养成先整体后局部再整体的习惯。要学会对事物采用整体观察和局部观察等方法，进而感受不同外形所引发的不同艺术感应和节奏变化，去捕捉生动的形象，并琢磨形象细节的结构特征。

观察图 3-20 所示的画面，很难一下子知道图 3-20（左）是图 3-21 的哪一部分，把图 3-20（左）调整好位置到图 3-20（中），并缩小到图 3-20（右），就会知道图 3-20（左）是图 3-21 的哪一部分。因为对图的局部进行放大并改变了位置，所以人们不能一下子找出其位置。

图 3-20　细节图

图 3-21　全貌图

不能只看到局部就对事物下定论，只有看到事物的全局后，才能了解事物的全面和真实情况，如图 3-22 所示。

图 3-22　彩色水杯

5. 宏观和微观的观察

现代技术已经能够使人们方便地对大自然的物象及物象的变化规律进行观察，任意放大或缩小是宏观和微观观察的新手段。

1）显微镜下的世界

通过显微镜能看到另一个世界。例如，显微镜下马铃薯切片和各种细胞的形态都超出人们的想象，如图3-23～图3-28所示。

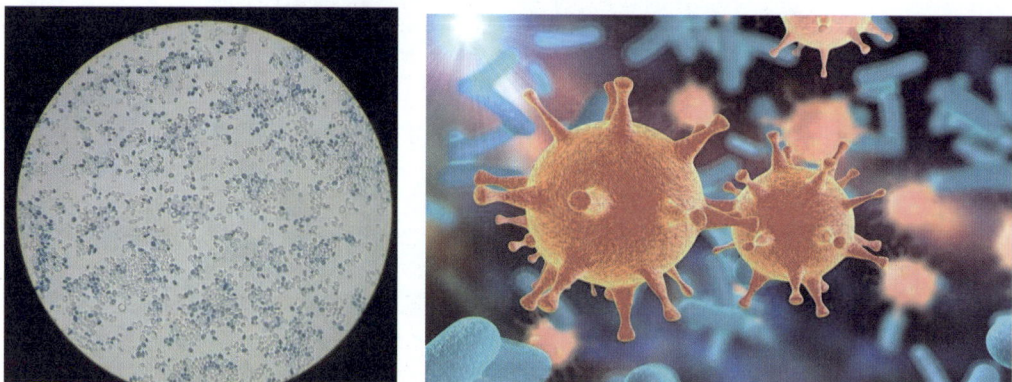

图3-23　显微镜下的细菌

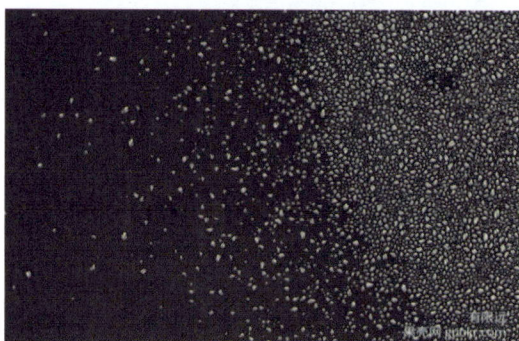

图3-24　显微镜下的土豆

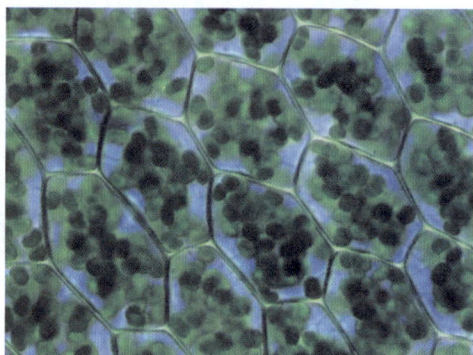

图3-25　显微镜下的叶绿素

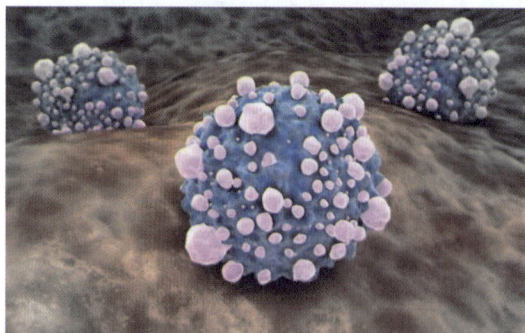

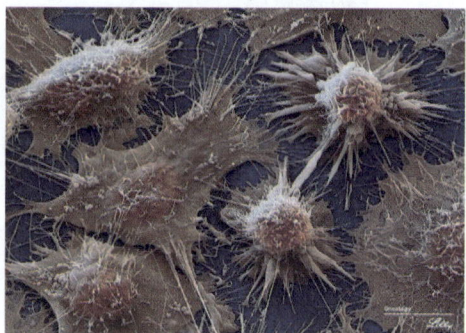

图3-26　显微镜下的癌细胞

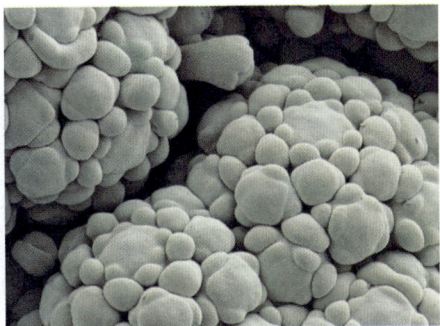

图 3-27　显微镜下的菜花

图 3-28　显微镜下的滨草叶子

2）微焦距下的世界

微焦距下的物象也是另外一种美景，如图 3-29 ～图 3-31 所示。

图 3-29　微焦距下的花蕊

图 3-30　微焦距下的红蜻蜓

77

图 3-31　微焦距下的水滴

3.3.2　比较观察

既要观察事物发展的全过程，又要了解事物发展某一阶段的特点，从而对事物有一个彻底的了解。另外，设计师还应观察不同事物之间的差异。

1. 事物发展过程的比较观察

应观察事物发展过程中每个阶段的发展特点，以便掌握其整体规律。四季变化、生物的生命历程等都是发展的过程，如图 3-32 所示。

图 3-32　种子的生长过程

2. 事物之间的比较观察

比较相近事物，可以找出不同之处；比较同类产品，可以找出各自的优缺点。例如，比较观察产品 A 类和 B 类的功能、造型、色彩、材质等。

找不同，可以锻炼眼力，并使设计师发现不一样的地方。例如，找出图 3-33 中上下两张图的不同之处。

图 3-33　找不同

比较新产品和老产品，观察产品的使用功能或可持续性，如图 3-34 所示。

图 3-34　产品包装设计获奖作品

另外，还应抓住特殊情况下的动静形态比较，从动态过程中捕捉瞬间唯美的画面，如图 3-35 所示。

图 3-35　瞬间停留

3.3.3　写生观察

在设计写生的最初阶段，以大自然的植物、动物作为写生对象，这样更容易理解自然规律和造物法则，培养观察、写生习惯，这是入门基础阶段。接下来随着个人兴趣和设计需求的不同，写生的对象也可以不断延展开来，如对自然物质的写生、对人造物质的写生等。

1. 写生的目的

写生的目的是深入理解形态构造、颜色与环境之间的关系等自然法则。同一类型或者相同写生对象在思维过程不同的情下可以产生不同的设计作品，更加说明思维多样性的关键作用。

设计写生中对于观察对象的写生，与以往的风景、人物写生是有区别的。风景、人物写生从美学角度出发，侧重表现整体画面的美感。而设计写生更侧重对写生对象的记录、剖析和理解，在写生过程中重点记录对象的结构、环境和特征，而非美感的表达。写生的深度是积累设计灵感最重要的基础实践。另外，通过写生养成观察事物的良好习惯也是进行写生训练的核心任务。

2. 写生的环境

写生的环境可以是任何地方。比较推荐的地点有植物园、动物园、海洋馆、自然博物馆等。这些地方能够提供多物种展示的空间，更便于接触自然，观察对象也比较丰富，可以选择自己感兴趣的部分写生。

3. 写生的对象

1）植物写生

写生的对象是十分丰富的，并没有特定的限制和拘泥。作为基础训练，植物是十分适合的。对植物的观察，应该特别注意其结构、生长方式以及生存环境的特点、物种由来、形态变迁等背景资料，进一步对外在形态和背景环境进行联系性推演。这些在设计思维过程中会帮助我们组织和厘清设计思路，并且能够帮助我们发现更多的设计角度和切入点，如图 3-36 所示。

图 3-36　植物写生

2）动物写生

对于动物的观察，可以从外在特征、生长环境、物种起源、分类变迁、类比、对比等角度切入。此外，由于动物具有动态特征，也使得其多了一类观察角度：如其行动规律、频率、速度等。其肌肉生长方式、捕猎方式、生存状态以及食物链、生物演化对其外在形态的影响，这些角度又可以衍生出一系列有趣的发现，如图 3-37 所示。

图 3-37　动物写生

3）其他物态写生

　　自然界不仅包括动植物，还包括水、土壤、矿藏、各种地貌等，这些都可以成为设计素材和灵感来源。对这类题材的写生，需要洞悉其成因、形态与环境的联系等，进一步研究其外在面貌对受众心理层面的影响，如图 3-38 所示。

图 3-38　其他物态写生

3.3.4　分析与整理观察

分析与整理观察是观察的拓展部分。将一个时间段内不断积累、记录的素材制作成视觉日志是呈现灵感发现过程的好办法。设计者在写生和分析与整理的周期内，不局限于上课时间，而是充分利用生活中的点滴经历，记录各种发现，把对于设计主体而言相关的、不相关的，甚至有意而为之的调研、无意间发现的片段素材等，凡此种种都加以记录整理，最终与设计成果产生一定的联系。这种训练方法，有助于培养设计者对生活随时随地的观察意识，把素材获取的范围进行扩大和延展，让设计者的素材获取途径突破常规局限，拓展到生活的方方面面。

1. 资料的补充

写生之后，进入写生材料的分析与整理环节。这个阶段可以利用图书馆、相关网站以及现场再次观摩，对写生客体做更全面、细致的了解。写生环节注重的是直观的震撼与设计兴趣的培养。但是由于时间与空间的限制，对写生对象的了解可能不够全面，分析与整理环节就是进行资料的补充和认知的深化。

2. 资料的综合梳理

综合梳理环节是针对写生的动植物的生长环境、性格气质、生存技能、生长规律、内部结构、运动方式等方面进行的深入梳理和认识，并对写生成果加以整理补充。最重要的是通过对写生对象的整理而发现隐藏的兴趣点，并对兴趣点的潜力进行初步的评估，并评测其是否能够成为抽象设计思维的切入点，以便建立设计思维的基础。在对诸多材料的整理过程中，要注意对整理的侧重点与分析的精确性多加关注。

3. 总结和提炼

与写生对象相关的各类资料可能比较庞杂，在整理材料时应梳理好逻辑，找出重点。如以结构、生长规律或者生存方式等方面为依据，找出最有兴趣的、也可能是最有震撼力的方面进行探究。不追求面面俱到是为了集中注意力和兴趣，形成创作的信心，并间接地确立设计思维的角度。分析的精确性则取决于对材料梳理的深入程度，如生存环境的植被、温度或生长结构中关键节点的剖面图或者鱼类运动方式的流向图等，都需要对其中的原因和真正的目的进行精确的分析。同时，本环节可能要借助很多外部资料，还可能需要至少两次相关辅导才能形成对写生对象的完全熟悉，为更关键的下一步——设计思维环节定下可信、充实的基础，如图 3-39 所示。

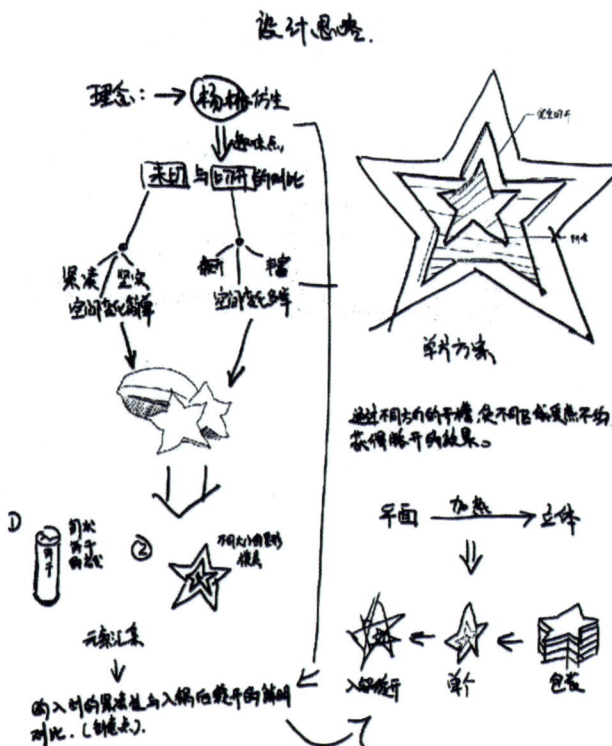

图 3-39　植物写生及解构分析的草图

3.4　知识拓展——女书字体

观看视频

女书流传在中国湖南省江永县潇水流域，是世界上唯一一套由女性创作和使用的书写系统，已被收入中国首批非物质文化遗产名录。女书源于女性独立意识的觉醒。由于中国过去的旧思想使当地的女性不能读书识字，因此当地的女性发明了女书，作为姊妹妯娌之间交流的通信方式。女书的诞生与世界其他文字相比较是一个"例外"，如图 3-40 所示。

例外品牌 22 周年主题系列以女书为灵感，选取"生命是美丽的"为内涵，以女书呈现，将文字转化为图形融入裙裾衣襟间，如图 3-41 所示。本系列延续古典与当代对撞、融合的艺术形式，以女书美好的文字和柔美骨骼为内在灵感信息，混合当代简洁几何艺术形式，对外形与内在进行解构和拼接，以实现性格分明的当代东方气息，呈现经典或打破经典等多种可能性，创造新的年轻生命力。

图 3-40　女书字体

图 3-41　例外品牌女书系列服装设计

色彩上，以饱和沉稳的东方色调为基础，形式上以色彩拼接方式呈现，工艺上采用刺绣加提花，以手传情，同时将女书元素寓意"生命是美丽的"文字再重组设计，重塑当代东方美学，在日常生活中将传统文化延续。

只有将传统文化融于当代都市日常生活中，才能源远流长。例外品牌通过持续地探索，希望在传统与当代、民族与世界之间搭起桥梁。古老的女书文化被转化为内在的灵感信息，古典新颖，寓意美好的祝福。从古代跨越至当代，女性在不同时空下同样勇敢地追逐着光明、自由与希望。新时代的女性，时势造就了她们独特的个性，而她们也在不断改变着这个时代，她们是美丽的，生命是美丽的。

3.5　本章小结

本章主要讲述观察与观察力、观察的角度、观察的方法。

本章重点是理解并掌握用不同类型的观察方法，观察和分析事物发展的方法。

学会用设计的思维去观察、如何观察。

3.6　课后作业

1. 复习本章重点内容，掌握要点知识。

2. 书面作业：

（1）参考案例，对身边的小物件从不同的角度进行观察，并做好记录。

（2）寻找生活中不方便或不合理的设计，并用文字描述。

（3）怎样才能做到对某一事物的全面观察？

3. 交作业时间：下一次课。

4. 交作业内容：PPT 或者 Word 形式。

5. 课后思考题：观察方法有哪些？可以通过哪些感官来观察事物？

第 4 章　设计中的图解

　　思维是动态的、不断变化的。在思维活跃时，把复杂问题形象化，并用图形和图表来表达出来是设计师常用的创意方法之一，可以称之为设计图解。它就是用图形、图表的方式来表达和解释设计理念的。在学习设计图解之前需要掌握头脑风暴法，因为头脑风暴是合作的前提。蜘蛛图、大脑地图和鱼骨图都可以丰富思维，以使视觉图形化，并且能使设计图解大放异彩。

4.1 头 脑 风 暴

头脑风暴是一种激发创意和解决问题的群体讨论技巧。过程中，参与者自由发表任何想法，无论其多么大胆或离奇，目的是通过大量的想法生成来激发灵感和创新。这种方法鼓励开放性和快速思维，以期找到最佳解决方案。

4.1.1 什么是头脑风暴

头脑风暴法简称 BS 法，又称智力激荡法、脑力激荡法，是指运用开会的方式将所有与会人员对需要讨论的问题所提供的主意聚集起来以解决问题的方法。头脑风暴可以让每个人都提出富有创意的想法，使人们在个人生活或职业生活中实施这些创意，并从中受益，而这些超乎想象的创意与智商并没有任何关系。

与会人员可随意发表自己的意见和想法，思维奔放激荡，善于突破常规思维，使这些自由想法相互间发生作用，从而在头脑中产生创造力的风暴，以此方式来创造出更多、更富有创意和想法的全新方案。头脑风暴并不复杂，只要把握好其程序和原则，就可以顺利进行。

4.1.2 头脑风暴的程序

头脑风暴法的实施需要一个非常完整的流程。从前期的准备阶段，到思维发散产生大量设想，再到创造性方案的讨论和最终方案的确定，都需要按照一个既定的程序来进行，每个阶段都非常重要。

1. 热身——准备阶段

在头脑风暴开始前，与会人员往往还没有进入讨论状态，所以要经历一个准备阶段，即热身阶段。让与会人员直接或间接地参加一些有助于热身和放松身心的小游戏，通过小游戏把情绪调整到最佳状态。只有在一个非常惬意、自由的氛围下才能最大限度地使所有与会人员展开思路，从而有利于后续的大量创新设想的涌现。

2. 议题——明确问题

在完成热身后，主持人进行问题的描述，表述要简明扼要和注重启发，使所有与会人员明白讨论问题的核心，进行有针对性的发散思维。主持人在介绍问题时，不可以设定任何限制性的条件，也不要过多地介绍背景材料，要留给与会人员一个非常自由宽泛的思索空间，这样才能有利于后期的思维激荡。

3. 敢说——畅所欲言

畅所欲言的目的在于求新、求异、求奇，主持人要充分激励与会人员思考、开思路、不受任何传统思想和逻辑的影响与限制。任何自由畅想的想法都可能是荒诞不经的，但正是在这些超乎寻常的想法中蕴含着真知灼见，并包含着较大的创造性和启发性。如果将这些想法进行转化和改善，那么很可能会得到极有价值的创新设想。克服心理上的思维惯性，包括对自己已经具备的知识体系和常规思维方式的突破。

4. 筛选——方案确定

通过头脑风暴法得到的设想往往还没有经过仔细推敲和斟酌，也没有经过任何评价和筛选。在方案确定阶段中的主要目标是评价、筛选出最佳的解决方案。在评价、筛选时，首先要确定评价的基本标准，然后将大家的各类设想分为明显可行的和明显不可行的两大类，最后依据综合的评价标准选出几个较好的方案，以备进一步的深入和完善，从而最终得到最佳的解决方案。

头脑风暴的运行程序并不是一成不变的。实施者可以根据问题的性质和实际情况进行有针对性的修订和改变。其最终的核心宗旨还是最大限度地挖掘与会人员的创意或想法。

4.1.3　头脑风暴的注意事项

运用头脑风暴的根本目的在于求得更多、更新颖的想法，从而进一步得到解决问题的方法。因此，主持人需要注意以下几点原则。

1. 保持环境轻松原则

在进行头脑风暴时应该营造一种非常宽松和随意的思考环境，不能让与会人员有很大的拘束感和抗拒感。

2. 坚持自由畅想原则

与会人员想说什么就说什么，不要因怕被批评或怕被笑话而不敢说。

3. 禁止现场评价原则

在会场上对别人提出的任何设想都不能评价，即使是幼稚的、错误的、荒诞的、夸张的及不合理的，甚至连怀疑的神态、手势这些隐蔽的评判也不允许出现；同样也不能进行肯定的评断，如"×××的设想简直棒极了"，那样容易造成"已经找到圆满答案而不用再深思下去"的错觉。与会人员相互间的否定最容易破坏头脑风暴的思维环境，因此一定要延迟评判。

4. 谋求数量原则

与会人员在有限时间里提出设想的数量越多，产生创新想法的可能性就越大，从而就越有可能获得有价值的想法。与会人员在会议过程中应该源源不断地提出设想。为了提出更多的设想，可以限定说明每个设想的时间不超过 2 分钟；当出现冷场时，主持人要及时进行启发或提示，或自己提出一个设想，使会场气氛重新活跃起来。

5. 高效率原则

在传统的头脑风暴中，最理想的时间是 30 分钟，最好不要超过 45 分钟。时间过长会让与会人员感到枯燥乏味，影响头脑风暴的效率。对于不了解头脑风暴或很久没有参与头脑风暴会议的人来说，有必要在头脑风暴会议前开一个 10 分钟左右的"热身会"。

课堂练习： 如何解宿舍里"乱"的问题。

背景介绍：学生宿舍的"乱"是一件令人头疼的事情，空间小，生活用品和学习用品的摆放成了问题，导致宿舍的环境差。

要求： 在宿舍有限的空间里，为每件物品找到一个合理的摆放位置，并且物品的摆放要统一，除了整洁外还要方便使用。全班同学自由发言，由宿舍长主持并记录，同学之间禁止批评。分组讨论，用头脑风暴法为宿舍的整洁建言，完成后，各组在宿舍里实施并在班内公开展示。

观看视频

4.2 思维导图

思维导图是在 20 世纪 70 年代初期由英国的大脑研究员托尼·巴赞（Tony Buzan）开发出来的，是一种可以迅速将大量想法保存在纸上的方法。他提出用全脑思维的方式代替线性思维。有了思维导图，人们可以使用关键字代替想法，从而更容易地发掘出大脑的潜力。使用思维导图要先写下主题，然后描述想法，并围绕主题进行各方面的联想，就像葡萄藤一样，这样就可以找出自己的想法了。思维导图被称为大脑的"瑞士军刀"，这个称号和它的多功能是分不开的。思维导图有利于增强使用者的记忆能力和立体思维能力，提高思维的层次性和联想性。

思维导图包括泡泡图、蜘蛛图、大脑地图、鱼骨图、移动导图等多种图示法，如图 4-1 所示。

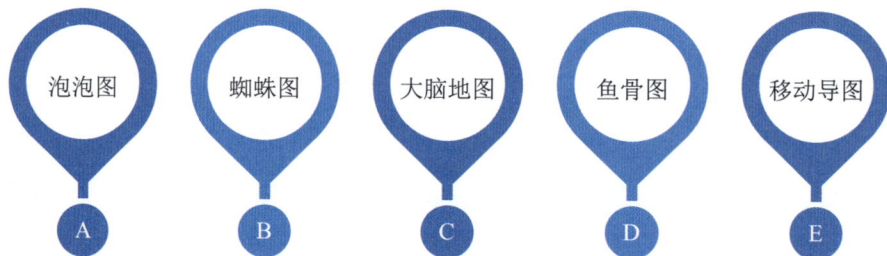

泡泡图	蜘蛛图	大脑地图	鱼骨图	移动导图
A	B	C	D	E

图 4-1　思维导图类型

4.2.1　泡泡图

泡泡图是用圆圈符号和线条来表达问题与问题之间的关系，信息可以多层次地同时传递。线条表示泡泡图中泡泡间的相互关系，不同的线型表示不同的关系。

绘制泡泡图的基本过程如下。

（1）用简略的图表示各层级相互关系。

（2）用图解法来简化框图至最简结构。

（3）用明暗色调连线第一、二层级框图，表达第二层次的信息。

（4）在基本框图上加其他信息层，如贴上标签等。

（5）如果框图变得过于复杂，则可先分解，然后组合成群体或者在同类基本体外加上界，如图 4-2 所示。

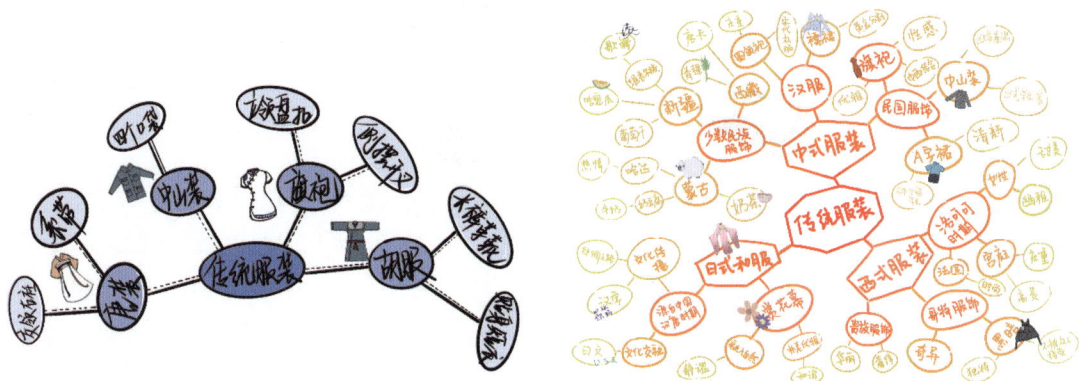

图 4-2　传统服装的泡泡图

4.2.2　蜘蛛图

蜘蛛图是蜘蛛形思维导图的简称，它能帮助人们更好地分析问题，厘清要实现的目标，分析问题之间的关系，以便获得超出人们最初预期的理念。画一张有效的蜘蛛图很简单。首先，在一张纸的中心写上正在努力实现的目标，作为蜘蛛的"头"；然后给它画上"腿"，可以用文字、图片等来替代元素，如图 4-3 所示。

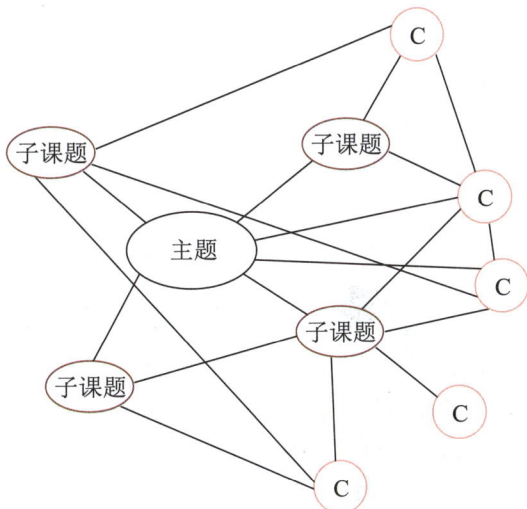

图 4-3　蜘蛛图

案例 4-1："专业"蜘蛛图。

把现有的专业衍生出的不同层级词语、图片连起来就是蜘蛛图，如图 4-4 所示。

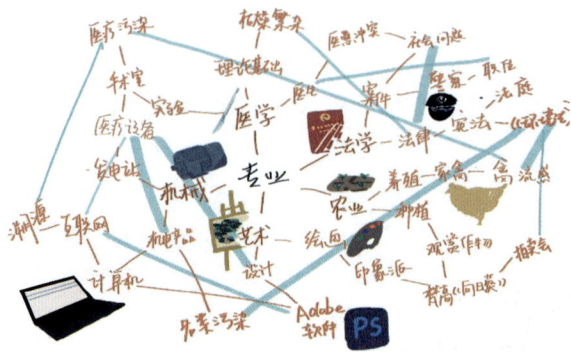

图 4-4 "专业"蜘蛛图

案例 4-2：河北省文物。

绘制关于"河北省文物"的蜘蛛图的具体步骤如下。

（1）蜘蛛的头——主题确定。

在一张大纸（越大越好）上标注一个中心词或短语来描述主题，然后在它周围画上一个框，也可以用一个图像、剪报或照片代表主题，因为它们可以使主题更加有创意。蜘蛛的头即中心词"河北省文物"。

（2）蜘蛛的身体——关键词提示。

围绕主题在框外面写上一些关键词，这些关键词是中心词的几种类别。如长信宫灯、壁画、雕塑、玉器、炉等。

（3）蜘蛛的脚——快速扩散。

针对每个关键词进行分析、联想，写下关于关键词的所有想法，尽快用即刻想到的词或图填满整张纸，很多元素看起来可能很荒谬，或与主题无关。

（4）蜘蛛网——寻找关联。

整张纸写满后，仔细检查所生成的众多想法。

将"腿"连起来，这可能使它看起来像蜘蛛网。两个元素的距离越远，一旦发生意义关联或形式关联，其创意就越能出现与众不同的新元素或亮点；在不同的枝节上，善于发现并把这些元素结合起来，可用不同颜色的笔将其标出来。

想法一旦聚合（元素重组）后，实施者就可以从创意者的角色转向评论者了。作为评论者，自己就可以验证自己的联想、遗漏的信息，并且检查哪些方面可以进行改进。把有价值的想法提出来，结合、围绕要解决的题目做进一步的联想、完善，提出创意方案，完成草图设计，随着工作的进展，蜘蛛图会变得越来越精细，如图 4-5 所示。

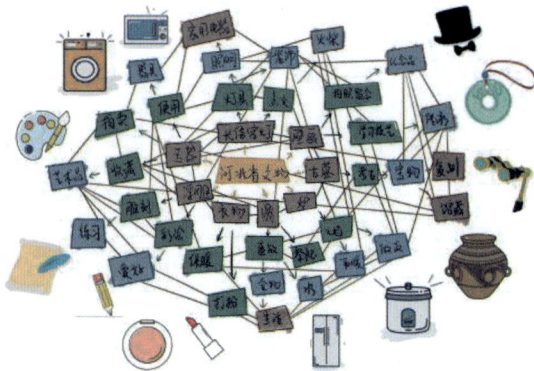

图 4-5 "河北省文物"蜘蛛图

4.2.3　大脑地图

大脑地图是通过一个中心词发散出来的一个放射图表，可以围绕这个中心词不断增加和扩大词汇，如图 4-6 所示。

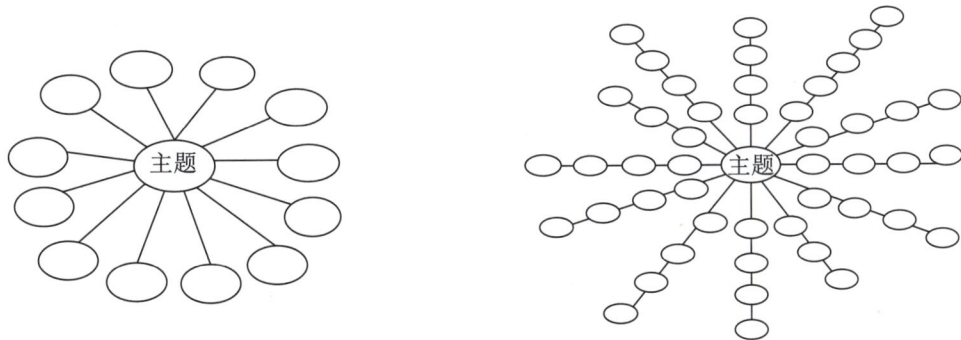

图 4-6　大脑地图 1

它与蜘蛛图的区别是大脑地图不需要有关键词，而可以直接记录想到的词语，不需要用图形来记录。这样，思维运转的速度更快，更能体现创意的偶发性和创新性，更适合一种全新的设计，如图 4-7 所示。

图 4-7　大脑地图 2

绘制大脑地图的具体步骤如下。

（1）主题确定。

首先在一张纸上写下一个中心词或一个短语来描述主题，然后在它周围画上一个框。

（2）快速扩散。

用最快的速度写下出现在脑海中的所有想法，并填满整张纸。所写的词汇不一定要与中心词有紧密联系，实施者用大脑进行构思时，想到什么就写什么，并且速度要快。

每个在头脑中瞬间闪过的词，都可能最终成为一个创新的构思。在固定时间（3分钟）内，这种大脑地图上的词增加得越快、越多越好。大脑地图可以由两个人或更多人一起制作，最终的构思范围将会很广。

（3）选择元素。

从大脑地图列出的词语元素中挑选 2～3 个，对这些词语元素进行视觉联想，并要与设计意图结合起来。

（4）拇指草图。

先用不同的图形符号来表达这些挑选出来的词语元素，设计出多个小稿，并确定出最能体现设计意图的构思，然后制作出拇指稿即拇指草图，从中选出适合的样稿。大脑地图主要侧重思维构思的过程，这种方法可以更好地启发创造性的思维。蜘蛛图和大脑地图都是设计图解，它们既有很多相同之处，又有不同之处，见表4-1。

表 4-1　蜘蛛图和大脑地图的比较

属　　性	蜘 蛛 图	大 脑 地 图
目的	分析已存在的问题，积极寻找问题的出路	图形的创意设计
中心词或主题	有	有
关键词	有	无
元素表达	文字、图形、照片	文字
完成思维导图的后续	可以用文字整理，也可以用图形整理	图形整理

课堂练习：

（1）以"水果"为中心词进行大脑地图练习，如图4-8所示。

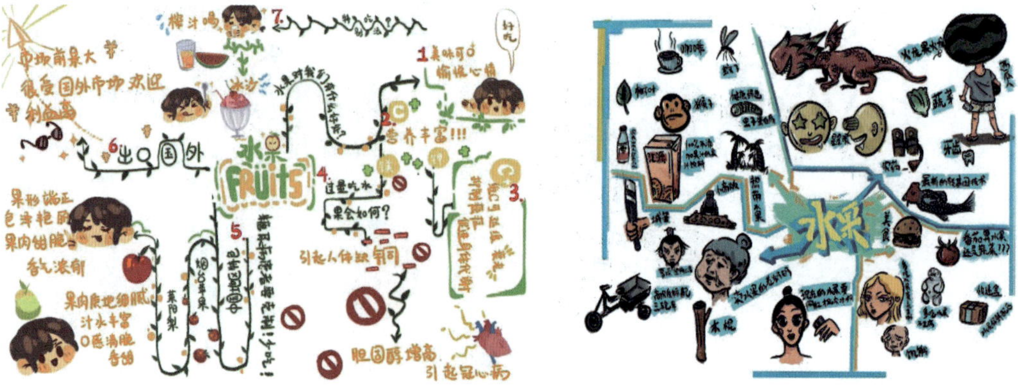

图 4-8　以"水果"为中心词的大脑地图

（2）以"清东陵彩画"为中心词，绘制大脑地图，如图 4-9 所示。

图 4-9　以"清东陵彩画"为中心词的大脑地图

4.2.4　鱼骨图

鱼骨图是由日本管理大师石川馨发明的一种用于发现问题根本原因的图形分析工具。鱼骨图通过简洁、直观的鱼骨图形方式，系统地梳理和分析引发问题的所有潜在因素，从中寻找解决问题的可行性策略。鱼骨图可以被划分为问题型、原因型及对等型等几类分析模型。

鱼骨图的图形结构如图 4-10 所示。从鱼头确定要解决的问题，将与问题相关、可能导致问题发生的主要原因分门别类，按大、中、小要因，沿鱼刺主骨、中骨、小骨分层标注，深入分析、排查问题各要因，寻找相应的解决方法，探索问题最终解决方案。

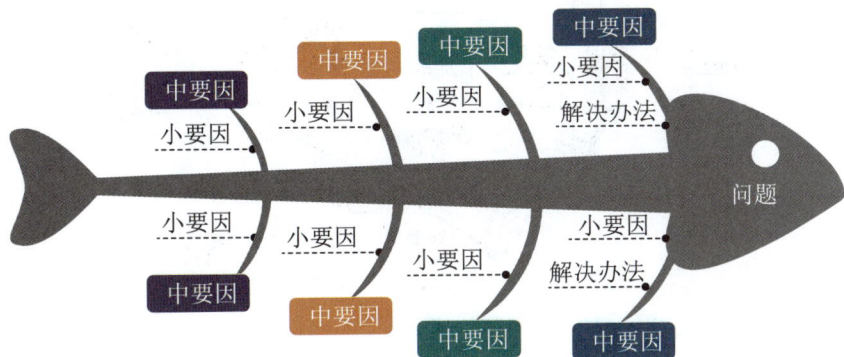

图 4-10　鱼骨图的图形结构

鱼骨图的绘制过程如下。

（1）填写鱼头（需要解决的问题），画出主骨。

（2）画出大骨，填写要因。

（3）画出中骨、小骨，填写中、小要因。

（4）用特殊符号标识重要因素。

注意，在绘图时应保证大骨与主骨呈 60° 夹角，中骨与主骨平行。

案例 4-3： 用鱼骨图描述如何提高手绘能力，如图 4-11 所示。

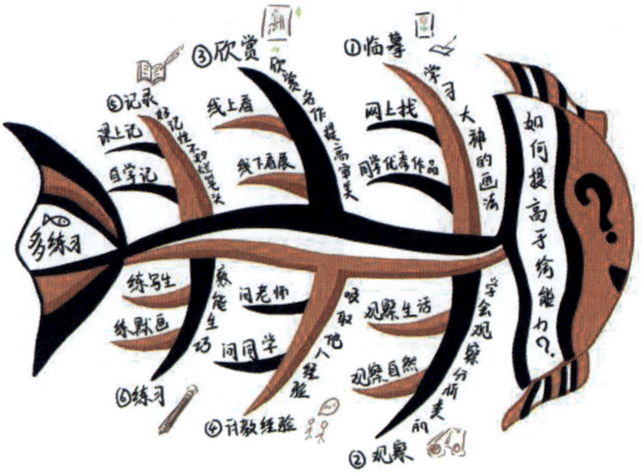

图 4-11　如何提高手绘能力

4.2.5　移动导图

在理解了思维导图的基本方法后，就可以尝试做移动导图来聚合思维。

在索引卡片上抄下移动导图中的关键词，整理这些卡片并贴在墙上，在墙上创造一个可移动的思维导图，如图 4-12 所示。

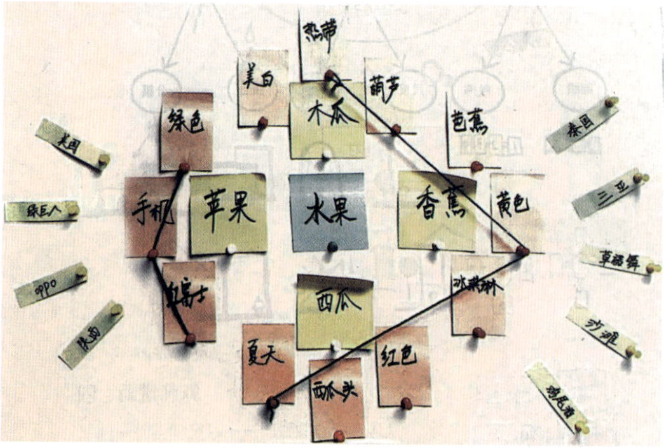

图 4-12　移动导图

移动导图的绘制步骤如下。

（1）将关键词语写在不同颜色的卡片上（一张卡片上写一个词）。

（2）将所有卡片围绕中心主题贴在大纸、黑板或墙上，将相关的想法聚合在一起。如果将卡片贴在黑板或大纸上，则可以用彩色的箭头连接相关的想法。如果将卡片贴在墙上，则可以使用别针和线绳来连接相关区域。

（3）将卡片以聚合的方式贴在墙上后，就可以检验关键词，发现遗漏的信息，并找出哪些方面需要更好的想法。

（4）当找到新的想法和关系时，加入新的卡片。将想法转移到卡片上，可以更容易地整理和再整理想法，并方便进行比较。用不同的方法排列卡片通常可以带来新的想法。

注意，在实际绘制过程中，很少出现单一使用某一设计图解的情况，往往都是几种方法综合使用，如图 4-13 所示。

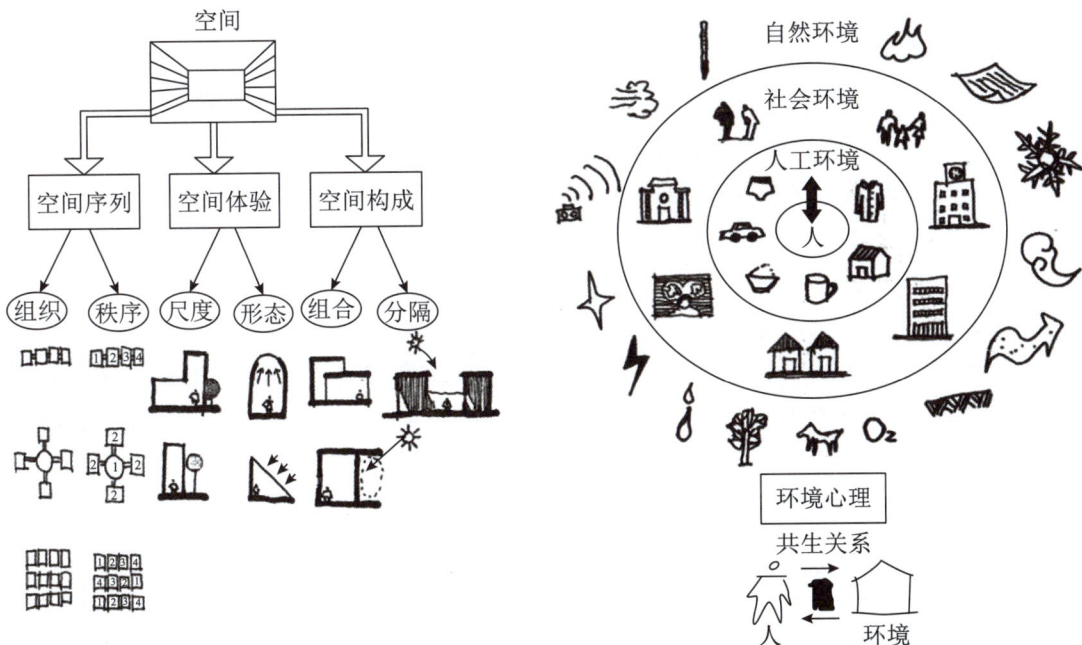

图 4-13　设计图解

课堂练习：纸飞机——如何弘扬本土非遗文化。

让每个同学折一个纸飞机，每个同学先在纸飞机上写下一个关于"如何弘扬本土非遗文化"的想法，然后把纸飞机飞给另一个同学。在读过纸飞机上的想法后，修改或完善它，或提出一个全新的可能性想法，再把纸飞机飞给另一个同学。继续这样做，10 分钟后收集并对想法进行分类。

4.3　知识拓展——本土非物质文化遗产

观看视频

我国的非物质文化遗产作为中华文明源远流长、绵延传承的见证，以丰富多彩的表现形式体现着中华民族非凡的智慧和伟大的创造力，彰显着中华民族独特的文化品格和精神气质。同时，全球视野中的中国非物质文化遗产，是人类文化宝库的重要组成部分。保护、传承我国的非物质文化遗产，对于传承中华文明、铸牢中华民族共同体意识、构筑中华民族共有精神家园、维护人类文化多样性、构建人类命运共同体有重要意义。

习近平总书记强调要加强非物质文化遗产保护和传承，积极培养传承人，让非物质文化遗产绽放出更加迷人的光彩。非物质文化遗产保护任重道远，要坚持政府主导、社会参与、各尽其责、各尽其力。我们每一位公民、非物质文化遗产保护工作者和非物质文化遗产传承人应以时代的责任感和使命感自觉参与其中，携手共筑文化长城，携手共建我们美好的精神家园。

编者授课的学校位于中国河北省，河北省地处华北，漳河以北，东临渤海、内环京津，西为太行山地，北为燕山山地，燕山以北为张北高原，其余为河北平原，有世界文化遗产3处、A级景区513家、国家5A级旅游景区12家、国家4A级旅游景区162家、国家级历史文化名城6座。河北在战国时期大部分属于赵国和燕国，又被称为燕赵之地，地处温带大陆性季风气候。河北地处中原地区，自古有"燕赵多有慷慨悲歌之士"之称。

河北非遗文化包含民间文学、民间美术、民间音乐、传统戏剧、传统舞蹈、传统医药、传统体育、游艺与杂技、民俗几大类，其分布如图4-14所示。截至2023年本区域非遗有8项列入联合国教科文组织人类非遗代表名录，有163项国家级非遗代表项目和990项省级非遗代表性项目。从中筛选出地域特色非遗文化元素并将其融入课程。

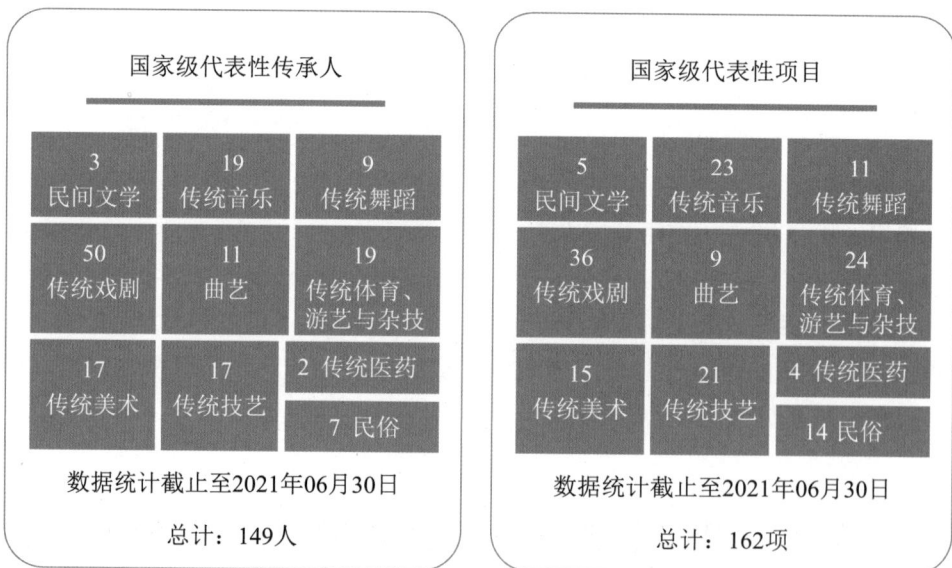

国家级代表性传承人		
3 民间文学	19 传统音乐	9 传统舞蹈
50 传统戏剧	11 曲艺	19 传统体育、游艺与杂技
17 传统美术	17 传统技艺	2 传统医药
		7 民俗
数据统计截止至2021年06月30日		
总计：149人		

国家级代表性项目		
5 民间文学	23 传统音乐	11 传统舞蹈
36 传统戏剧	9 曲艺	24 传统体育、游艺与杂技
15 传统美术	21 传统技艺	4 传统医药
		14 民俗
数据统计截止至2021年06月30日		
总计：162项		

图4-14 河北非遗分布

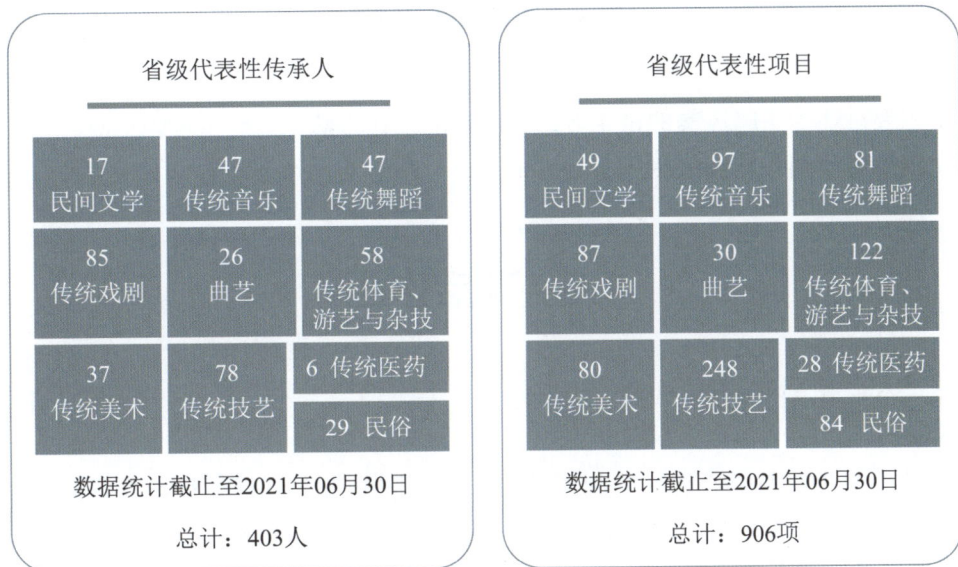

省级代表性传承人		
17 民间文学	47 传统音乐	47 传统舞蹈
85 传统戏剧	26 曲艺	58 传统体育、游艺与杂技
37 传统美术	78 传统技艺	6 传统医药
		29 民俗

数据统计截止至2021年06月30日

总计：403人

省级代表性项目		
49 民间文学	97 传统音乐	81 传统舞蹈
87 传统戏剧	30 曲艺	122 传统体育、游艺与杂技
80 传统美术	248 传统技艺	28 传统医药
		84 民俗

数据统计截止至2021年06月30日

总计：906项

图 4-14　（续）

运河风——大名草编饰品系列。大名草编因运河而兴，大运河水滋养浇灌的万亩良田，为草编技艺提供了充足的原材料。该类作品取材于玉米皮。制作工艺经过选、蒸、漂、染、绣、串、缠等十几道工序，不起眼的玉米皮经过艺术的加工，摇身一变呈现出五彩缤纷的形态，隐藏着手艺人的独家意蕴，是手艺人对和谐自然的追求。大名草编在继承传统工艺和种类的基础上，不断创新又开发出草编耳饰、手链、毛衣链等不同的种类，为追求自然、崇尚简约的女性提供了新选择，如图 4-15 所示。大名草编凭借精湛的技艺，亮相上海世博会等重大盛会，并作为礼品赠送给国内外宾朋，充分展示了运河文化的动人魅力。

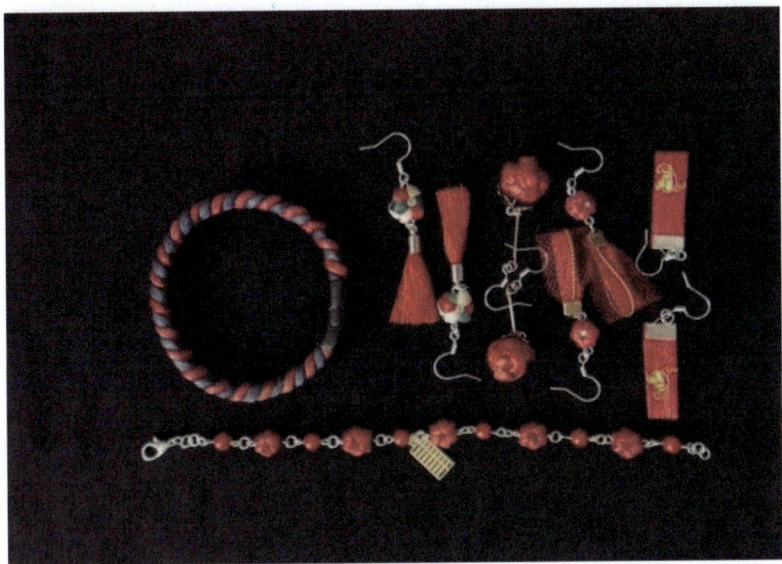

图 4-15　河北非遗文创运河风——大名草编饰品"春"系列

观看视频

4.4　本章小结

本章主要讲述了头脑风暴的讨论方法、图解的设计方法。

本章重点是理解并掌握头脑风暴的讨论方法、图解的设计方法。

4.5　课后作业

1. 复习本章重点内容，掌握要点知识。

2. 作业：

（1）以"专业"为中心词，绘制蜘蛛图。在不同分支上进行标注，最好同时加上图形，不同区域可以用不同色彩进行区分。先在头脑中有个大致框架，然后具体绘制。

（2）以"水果"为中心词，绘制大脑地图。统计所想的关键词的数量，尝试在限定时间内完成最多的创意。

（3）以"如何提高手绘能力"为主题，绘制鱼骨图。

（4）以"河北省非遗文化"为主题，绘制泡泡图。

（5）简述这些思维导图的优点和缺点。

3. 交作业时间：下一次课。

4. 交作业内容：PPT 或者 Word 形式平订，在折页成型的订口处用铁丝或者其他金属丝固定。

第 5 章　设计中的加法思维模式

　　设计中的加法思维模式是一种极具创新性和探索性的设计方法。在这种模式下，设计师不断在现有的概念、形态或功能上添加新的特征或元素，从而创造出更复杂、多功能或富有层次感的设计方案。加法思维的核心在于扩展和增强，它鼓励设计师超越常规思路，挑战传统限制，将不同的设计元素和想法结合起来，以创造出独特而富有创意的新产品或解决方案。

设计中的加法思维模式是一种鼓励创新和尝试的方法，它能够帮助设计师开拓思路，创造出独特而富有创意的设计方案。通过合理运用加法思维，设计师可以不断推动设计向更广阔的领域发展，满足不断变化的市场需求。

设计思维是 1+1>2。在原来的基础上加"1"点，虽然只加那么一小点，却使原有的价值倍增。这个"1"就是需要添加的那一点东西。

设计思维是加"1"点。设计思维中的加"1"点意味着在现有的设计或思路上增添额外的元素或考虑，以带来创新和改进。这种思维方式鼓励设计师不满足于基本要求，而是进一步探索如何通过增加某些特征、功能或美学元素来提升作品的价值和表现力。

1. 树杈状的水槽塞

人们洗漱时，总会不经意地使头发掉落水池中，久而久之，下水道会被这些落发堵住而造成不便。掉落的头发会顺着水流附在水槽塞上，有些还会掉入里面堵塞水管。为此，崔钟浩（Jongwoo Choi）设计了一款水槽塞，如图 5-1 所示，该水槽塞的下部设计了很多密密麻麻的突起枝丫，头发被冲入下水道中后，大多数会被这些枝丫拦截；同时，水槽塞清洗方便，冲一冲、拍一拍便可以了，不愧是很省心的设计。思考这里的加"1"是什么。

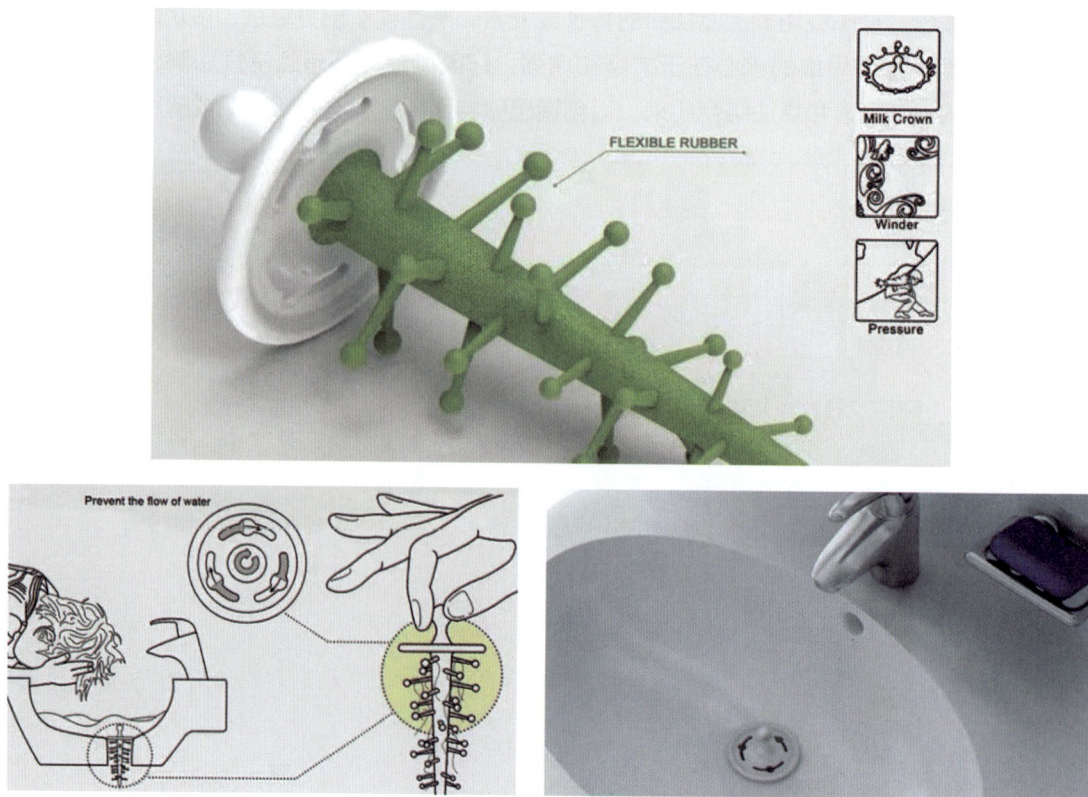

图 5-1　树杈状的水槽塞

2. 多功能插座

Power Cube（魔方插座）是一个多插口插座，它的设计合理地利用了每个面。虽然该插座造型小巧，但是即使插着大的电源适配器也不会阻挡其他插头，而这往往是传统的电源插座做不到的。

其最大优点体现在它们的组合使用。因为魔方插座系列彼此兼容，所以人们可以根据特定需求来组合、搭建魔方插座。魔方插座基本还提供了双 USB 充电口，无须专用的电源适配器就能够为智能手机或平板电脑充电。在 2.1A 的额定输出下，电源的 USB 充电口强大到足以为最新的高功率电子设备充电，如图 5-2 所示。

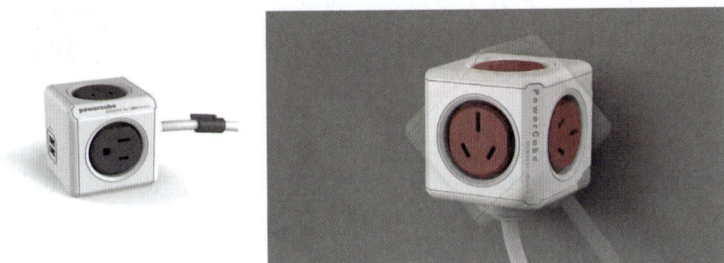

图 5-2　多功能插座 / 红点设计奖

3. 非遗皮影耳饰

本土非遗文化元素与耳饰进行加法创意设计，耳饰材质轻盈，可见天然牛皮的纹理，每一张牛皮都独一无二，产品图案采用中国古典纹样寓意吉祥祝福，彩色影子投射到皮肤上显得梦幻且浪漫，如图 5-3 所示。

图 5-3　非遗皮影耳饰

5.1 什么是加法思维

加法思维就是突破各种思维方式的限制，通过各种途径让思维在短时间内迅速活跃起来。它突破常规和定式，打破旧框框的限制，提供新思路、新概念和新办法，所以加法思维是一种创造性思维方式。

加法思维包括发散思维、联想思维、多湖辉思维、逆向思维、组合思维等思维方法，这些方法里也都会包括设问、质疑、换位、置换、夸张、突破、组合等思维方式，如图5-4所示。

5.1.1 发散思维

发散思维是创造性思维的一种。

发散思维是大脑思维呈现出的一种扩散状态的模式，呈

图5-4 加法思维的组成

现出多维发散状，最终产生多种可能的答案而不是唯一正确的答案，因而容易产生有创见性的观念。发散思维又称辐射思维、放射思维、扩散思维或求异思维，如一题多解、一事多写、一物多用等。

案例5-1："沙漏""毛线团"的发散思维。

面对"沙漏""毛线团"这些元素可看到什么？如图5-5、图5-6所示。

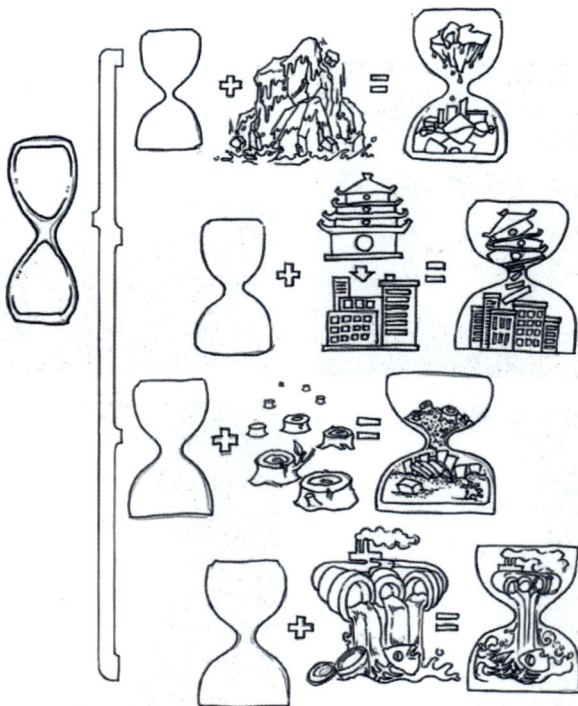

图5-5 "沙漏"的发散思维

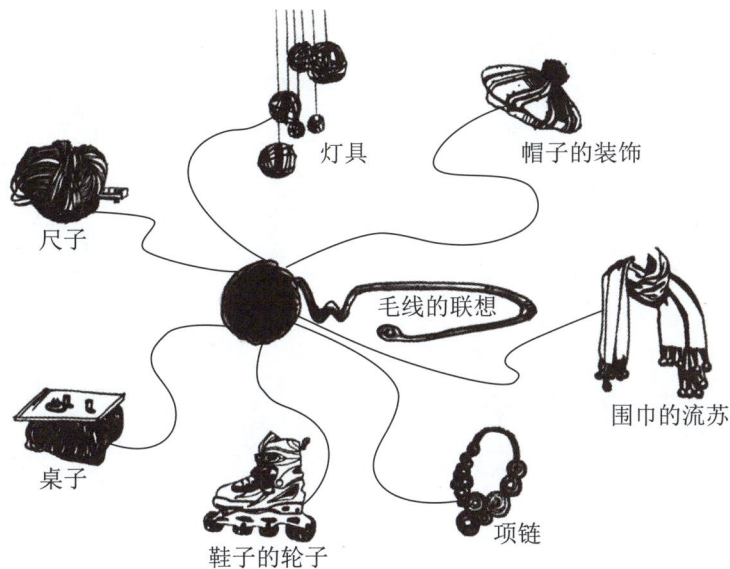

图 5-6　"毛线团"的发散思维

案例 5-2：二维码的发散思维。

二维码用于表示物品的生产地、制造厂家、商品名称、生产日期等信息，在商品流通、图书管理等许多领域都得到了广泛的应用。对二维码进行发散思维，可以得到很多有趣的创意，如图 5-7 所示。

图 5-7　二维码的发散思维

图 5-7 （续）

案例 5-3：《蒙娜丽莎》的发散思维。

《蒙娜丽莎》是画家在 15、16 世纪之交应意大利佛罗伦萨富商贾孔多之邀，为其妻子丽莎·贾孔多所作。该作品主要表现了女性典雅和恬静的典型形象，塑造了资本主义上升时期一位城市有产阶级的妇女形象，反映了文艺复兴时期人们对于女性美的审美理念和审美追求，如图 5-8 所示。

图 5-8 《蒙娜丽莎》（达·芬奇，意大利）

不过在时过境迁的今天，世人用各自的眼光重新看待这幅作品，如图 5-9 所示。

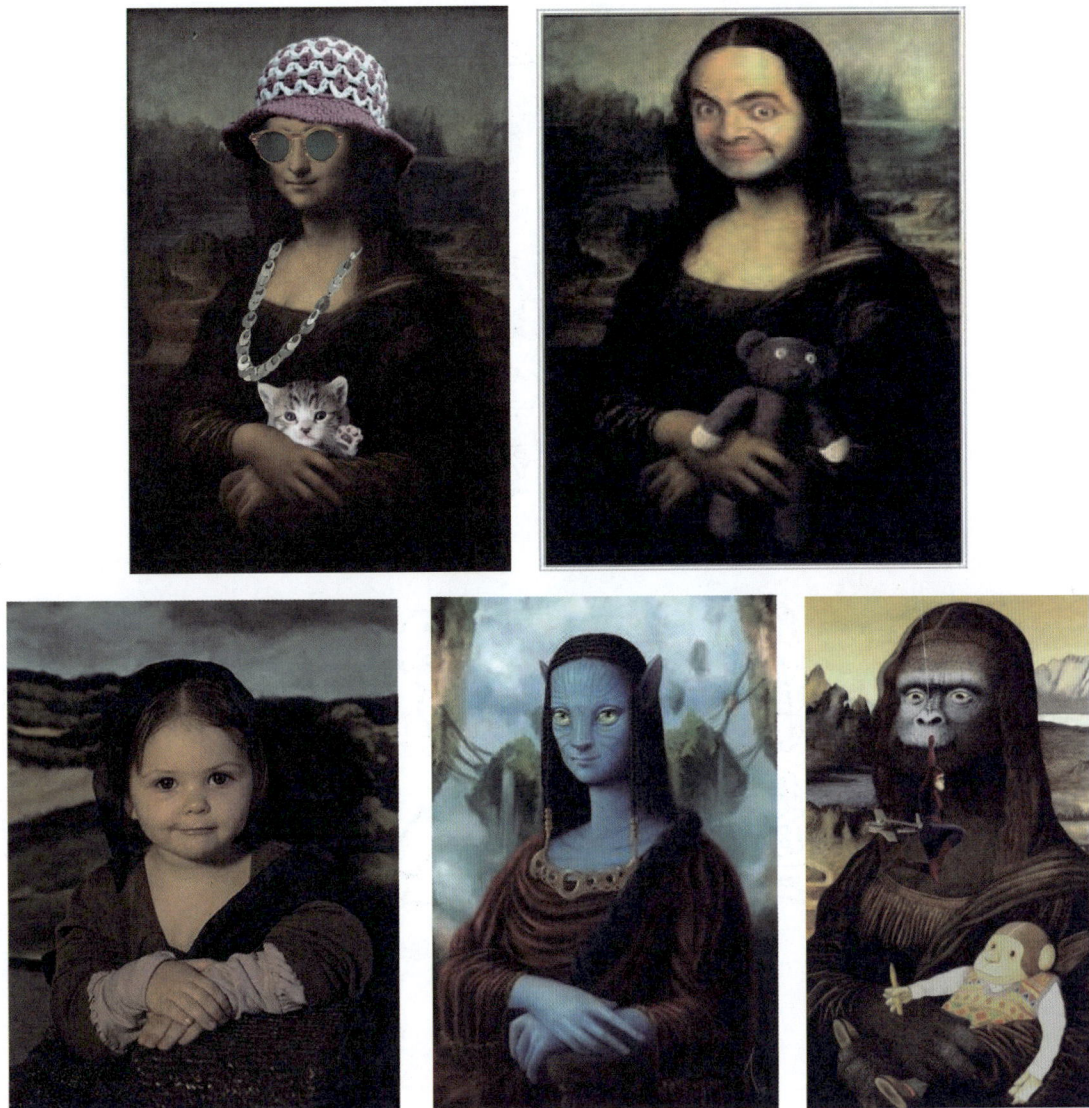

图 5-9　《蒙娜丽莎》的演绎版

5.1.2　联想思维

联想思维指由一个事物联想到另一个事物，在两个以上的思维对象之间建立联系，包括相似联想、相关联想、对比联想、因果联想、接近联想、自由联想和强制联想。

1. 相似联想

相似联想指由一个事物的外部构造、形状或某种状态与另一个事物类同或相近似，进而引发的想象延伸和连接。人们可以对蜗牛、书包/大象、三棱柱体等进行相似联想，甚至水果、蔬菜也是联想思维训练的载体，如图 5-10～图 5-13 所示。

图 5-10　蜗牛的联想

图 5-11　书包／大象的联想

图 5-12　三棱柱体的联想

图 5-13　水果、蔬菜的联想

2. 相关联想

相关联想是指联想物与触发物之间存在一种或多种相同而又具有极为明显属性的联想。例如，看到鸟想到飞机，那么看到手想到了什么呢？如图 5-14 所示。

图 5-14 手的联想

案例 5-4：食物的联想。

艺术源于生活，生活中处处存在着艺术。在葡萄牙艺术家维克托·努涅斯（Victor Nunez）的眼中，一切事物中都藏着一张脸，只不过需要一些手法能让它们显现出来。其作品大多以食物为道具，随意的混搭与天马行空的想象让人看后变得心情舒畅，如图 5-15 所示。

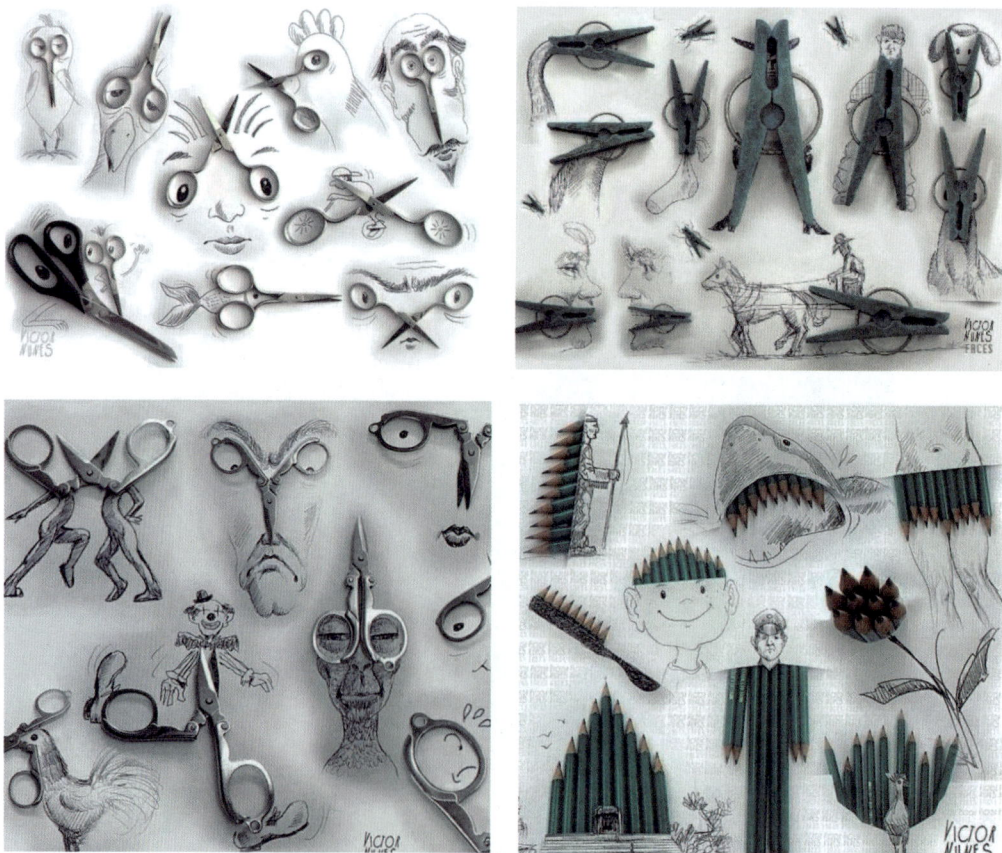

图 5-15 《你又调皮了》（维克托·努涅斯，葡萄牙）

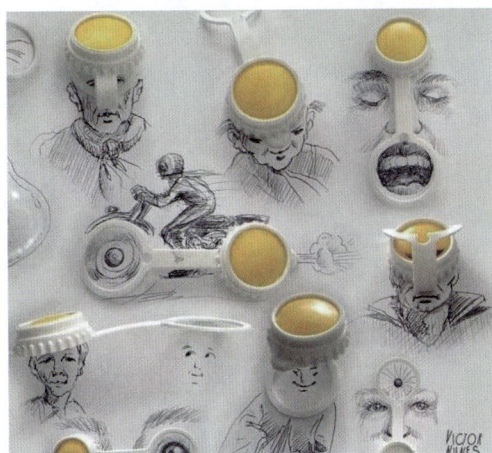

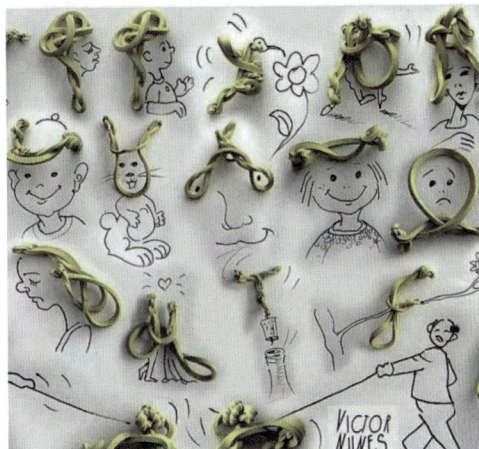

图 5-15 （续）

案例 5-5： 几何图形的联想。

利用一些几何图形作为限制并对其进行联想，如图 5-16、图 5-17 所示。

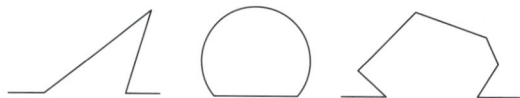

图 5-16　原始几何图形

图 5-17　几何图形的联想

3. 对比联想

对比联想是指联想物与触发物之间具有相反性质的联想。例如，白色—黑色，病人—医生，手套—袜子，教师—学生，警察—罪犯，种子—果实，光明—黑暗，等等。

4. 因果联想

因果联想源于人们对事物发展变化结果的经验性判断和想象，触发物与联想物之间存在一定因果关系。例如，看到蚕蛹联想到飞蛾，看到鸡蛋联想到母鸡和小鸡，由结婚联想到新郎、新娘，由醋联想到酸味和嫉妒，由物流联想到快捷，由西北联想到黄土地，由大海联想到壮阔，等等。

5. 接近联想

接近联想是指联想物与触发物之间存在很大关联或关系极为密切的联想。例如，看到学生想到教室、实验室及课本等相关事物。

课堂练习：以灯光、红绿灯、椅子为开端联想词进行接近联想，参考答案见图 5-18。

灯光 ⟹ 窗子 ⟹ 家 ⟹ 爸爸、妈妈 ⟹ 幸福

红绿灯 ⟹ 警察 ⟹ 白手套 ⟹ 医生 ⟹ 手术

椅子 ⟹ 桌子 ⟹ 午餐 ⟹ 牛排 ⟹ 牛仔

图 5-18　参考答案

6. 自由联想和强制联想

联想思维还可分为自由联想和强制联想。强制联想是与自由联想相对而言的，是对某些事物有限制的一种联想。一般的创造活动都鼓励自由联想，这样可以引起联想的连锁反应，容易产生大量的创造性设想。但是，具体要解决某一个问题，有目的地开发某种产品，也可采用强制联想，让人们集中全部精力，在一定的控制范围内进行联想，也能有所发明和创造。在创造活动中，强制联想的例子也是屡见不鲜的（大脑地图属于强制联想）。

1）自由联想

自由联想是一种很直接、很自然想到多种结果的思维形式。例如，花瓶碎了，你想到了什么？下雪了，你想到了什么？如图 5-19、图 5-20 所示。

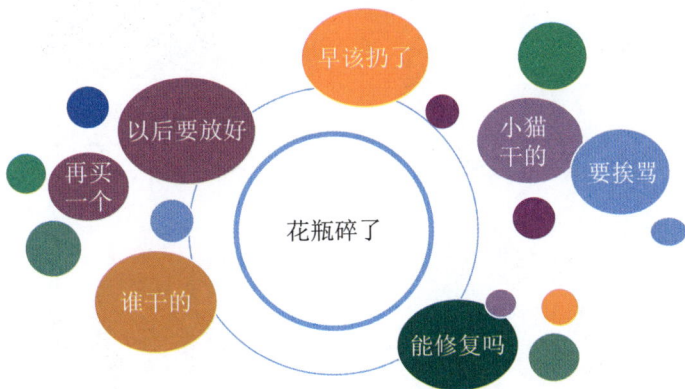

图 5-19　花瓶碎了的联想

案例 5-6：自由想象。

在自由想象的世界里，我们不受常规束缚，不惧失败，只是纯粹地探索和创造。它可以是一个幻想的故事情节，一个未来科技的设想，或是一个艺术创作的灵感。通过放松心情，让思绪自由飞翔，我们可以发掘内在潜力，激发创新与解决问题的火花。

蛋糕在月亮上粗暴地涂口红。

苔藓在额头上吃着雪糕。

图 5-20 下雪了的联想

香蕉在维多利亚港洒脱地跷着二郎腿。

蚯蚓在花朵里吃牛排。

鱼在云朵上轻松地抽烟。

……

在读出这些句子时，你笑了吗？脑洞大开，不按常规的语句描述反而产生了如此的幽默效应。自由想象图示如图 5-21 ～图 5-24 所示。

图 5-21 猪鼻子玫瑰花

图 5-22 菠萝乌龟

图 5-23 玉米狮子

图 5-24 蘑菇发电站

课堂练习： 接下来请同学们进行 3 组自由联想，词语自拟（积极向上），并画出手稿，限时 15 分钟，然后逐一分享。

2）强制联想

强制联想是强制地运用类比、近似、对比等手法，把独立无关、大相径庭的不同事物的外在或内在联系起来。

案例 5-7：玫瑰花与扫帚的联想。

由玫瑰花与扫帚可联想到用一枝玫瑰花做成扫帚，好多扫帚扎成一朵玫瑰花，众多玫瑰花中间藏着一把扫帚，如图 5-25 所示。

图 5-25　玫瑰花与扫帚

案例 5-8：蚂蚁与蛋糕的联想。

由蚂蚁与蛋糕可联想到蚂蚁在桌上切蛋糕，蚂蚁住在蛋糕形的房子里，蚂蚁在搬蛋糕，一个蚂蚁造型的蛋糕等，如图 5-26 所示。

图 5-26　蚂蚁与蛋糕

课堂练习：接下来请同学们进行强制联想，通过大脑地图随机选出几个词语，然后组成一段文字。例如，用春天、角落、自行车、纸盒组成一段文字，画出手稿，限时 15 分钟，然后逐一分享。

文字参考结果：

春天在纸盒的一个角落里欢快地和小伙伴一起骑着自行车。

自行车后座上绑着一个盒子，静静地待在角落里，与这美丽的春天显得不太合拍。

角落里有个纸盒，纸盒上还印着自行车的图案，春天觉得图案不错，就把它用手机拍了下来。

有一年春天，老爸骑着自行车递给我一个纸盒，我打开一看，里面有一本我最爱的书。怕弟弟捣乱，我只能躲在角落里看书。

春天的风是调皮的，总是把纸盒吹到角落里，还挡住自行车行动。角落是春天的舞台，他总是骑着自行车围着纸盒转。

5.1.3 多湖辉思维

多湖辉思维方法是日本学者多湖辉提出的，它是发散思维的一种，即碰到任何事情，在有了一个答案后还要思考有没有别的可能性。

多湖辉的发散思维是富有启发性的。它假设了一个最简单的问题，即将 A、B 两点连接起来。这是个看似只有一个答案的问题，最直接的办法就是将 A、B 两点用一条直线连接起来，除此之外还可以有多个解决方案，如图 5-27 所示。设计也是一样的，可以用很多种方法来解决同一个问题。

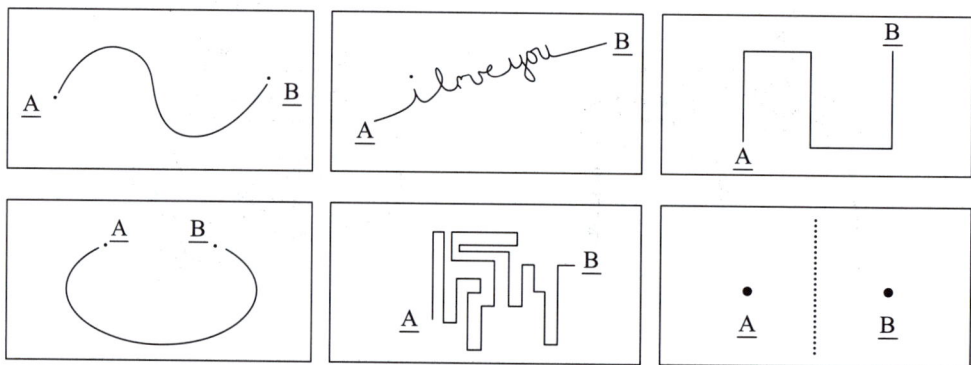

图 5-27　多湖辉思维

生活中到处存在着设计，关键是能否把握好，是否愿意在找到一个答案后继续找第二个、第三个答案。

案例 5-9：13 的一半是多少？

13 的一半是多少？大多数人都可以立刻答出 6.5，然后就将注意力转向别处，不再继续回答这个问题。事实上用发散思维可以得到很多答案，如图 5-28 所示。这是对思维的一种突破。不要给自己设定思维的条条框框，要敢于打破常规。

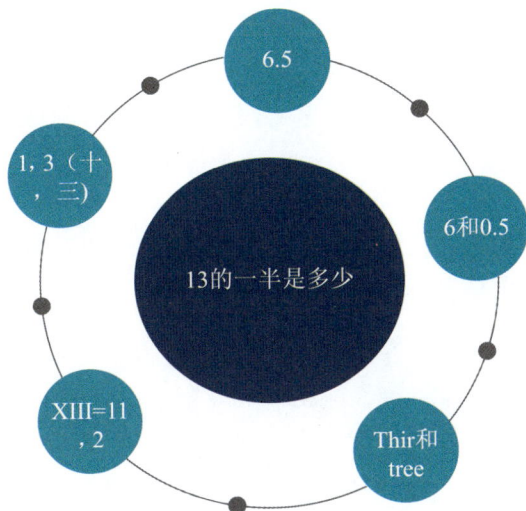

图 5-28　13 的一半

案例 5-10： 和尚买梳子。

如何把梳子卖给和尚？因为剃光头的和尚是不用梳子的，梳子是长头发的人用的，所以让和尚用梳子梳头是行不通的。这需要从其他角度来想办法把梳子卖给和尚，那么你的办法是什么？把梳子卖给和尚，听起来真有些匪夷所思，但思维不同，推销术不同，结果也不同，如图 5-29 所示。

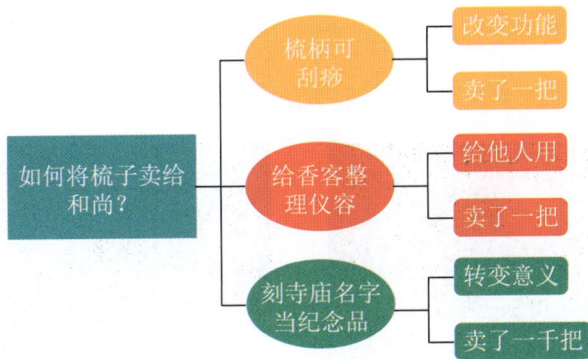

图 5-29　和尚买梳子

5.1.4　逆向思维

逆向思维指倒过来想，但绝不是沿着原路返回，而是跳跃到一条新的道路上反方向前进，从相反的方向达到同样的目标，或达到新的目的，或从相反的方面超越他人。在日常生活中也有许多逆向思维的例子。逆向思维是倒过来想、化缺点为优点、化被动为主动、化腐朽为神奇的一种思维方式。转换性质、偷换概念等也是逆向思维的形式，如图 5-30 所示。

1. 倒过来想

古时候，一位母亲有两个儿子，大儿子开染布作坊，小儿子做雨伞生意。每天这位母亲都愁眉苦脸：天下雨了，怕大儿子染的布没法晒干；天晴了，又怕小儿子做的伞没有人

117

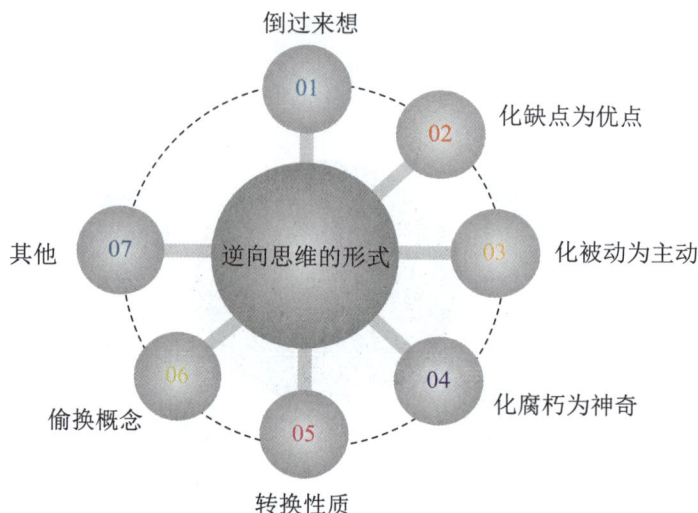

图 5-30　逆向思维的形式

买。一位邻居开导她，叫她倒过来想：雨天，小儿子的雨伞生意做得红火；晴天，大儿子染的布很快就能晒。逆向思维使得这位老母亲眉开眼笑，活力再现。

2. 化缺点为优点

20 世纪 80 年代，日本著名服装设计师三宅一生曾对现代生活有一个细致的观察：现代人的生活里少不了出差、旅行，人们常常因衣服容易打褶而烦恼，旅行在外，熨衣服也不方便。有人就此发明了旅行熨斗，而三宅一生却有意设计出一种充满褶皱的服装，不仅不怕叠压，还成了流行服装款式——"请打褶"系列服装，如图 5-31 所示。

图 5-31　"请打褶"系列服装（三宅一生）

图 5-31 （续）

3. 化被动为主动

某时装店的经理不小心将一条高档呢裙烧了一个洞，呢裙的身价一落千丈。若用织补法补，也只是蒙混过关，欺骗顾客。这位经理突发奇想，干脆在小洞的周围又挖了许多小洞并加以修饰，将其命名为"凤尾裙"。一下子，"凤尾裙"销路顿开，该时装店也因此出了名。逆向思维给该时装店带来了可观的经济效益。"洞洞袜"的诞生与"凤尾裙"异曲同工。因为袜子容易破，一破就毁了一双袜子，商家运用逆向思维，成功推出了"洞洞袜"，创造了非常大的商机。

4. 化腐朽为神奇

垃圾是放错地方的资源。当人们为地沟油泛滥而烦恼时，芬兰提出进口我国的地沟油用于提炼航空燃油。

在自由女神像建成后，美国纽约市为大量废弃的材料大伤脑筋，以很低的价格出售也没有人接手。这时有个勇敢者把它全部买了下来。他把各种废料经过整理、设计、加工，制成各类旅游纪念品而大获成功。据说，德国的柏林墙拆除后，就有大批的人去回收柏林墙体的废弃物。

5. 转换性质

西汉时，孙宝担任京兆尹。有一天，一个卖油炸馓子的小贩在城里被一个农民撞了一下，馓子掉在地上，全部摔碎了。农民认赔 50 个馓子，可卖馓子的小贩坚持说有 300 个。馓子全碎了，已不可能再数清究竟有多少个。正当两人相持不下，围观的人都束手无策时，孙宝经过这里，听到了这件事情。他人去买了一个馓子，称了这个馓子的重量。同时，他又叫人把地上的碎馓子全都集中起来，称出了它们的总质量。这时，他根据摔碎了的馓子的总质量计算出了被摔碎的馓子的个数。于是，孙宝让农民按照计算出来的馓子的数目赔钱给小贩。孙宝的高明之处就在于他善于转换问题的性质，把原先计算馓子个数的问题转变成称馓子质量的问题。

6. 偷换概念

教师：今天我们来学减法。例如，如果你哥哥有 5 个苹果，你从他那儿拿走 3 个，结果会怎样？

孩子：结果嘛，他肯定会揍我一顿。

从数学来说，这个答案完全是错的，因为偷换了概念，教师讲的结果会怎样的含义很明显是指还剩下多少苹果，属于数量关系的范式。可是孩子却把减去的结果转换为人际关系，转换为未经哥哥允许而拿走苹果的结果，如图 5-32 所示。

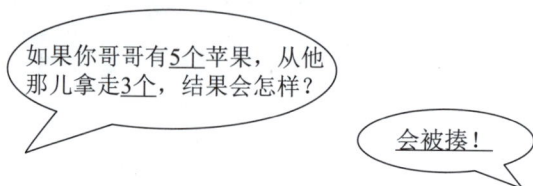

如果你哥哥有<u>5个</u>苹果，从他那儿拿走<u>3个</u>，结果会怎样？

会被揍！

图 5-32　偷换概念

5.1.5　组合思维

组合思维是指把多项貌似不相关的事物通过想象加以连接，从而使其变成彼此不可分割的、新的、整体的一种思维方式。组合思维的形式有同类组合、异类组合、重组组合、概念组合、共享与补充代替组合，如图 5-33 所示。

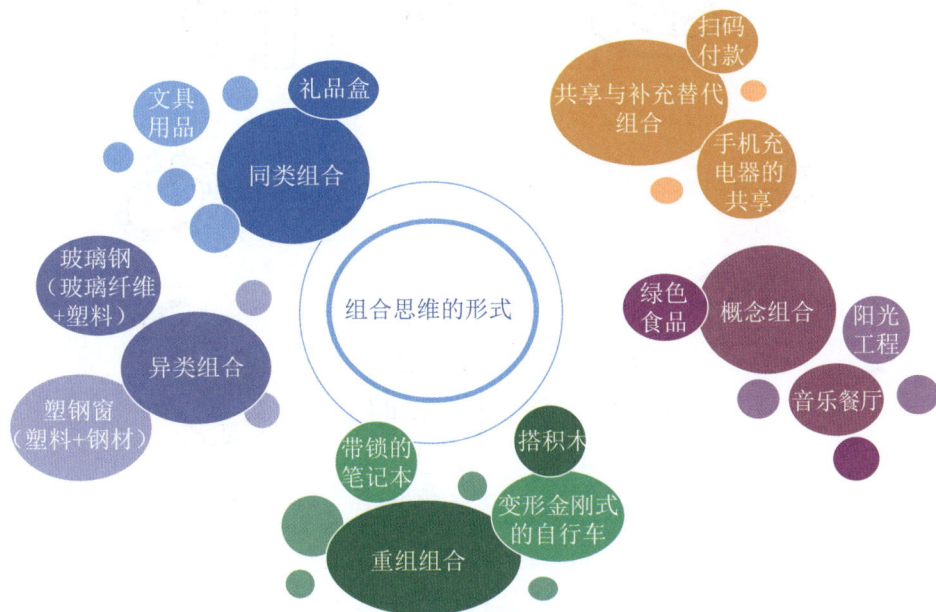

图 5-33　组合思维的形式

1. 同类组合

日本的普拉斯公司是一家专营文教用品的小企业，一直生意清淡。1984 年，公司中一位名为玉村浩美的新职员发现：顾客来店里购买文具，一次要买三四种，而在中小学生的书包内也总是散乱地放着钢笔、铅笔、小刀、橡皮等文具。她把这个发现告诉老板。于是，普拉斯公司精心设计了一只盒子，把五六种常用的文具摆进去。结果这种组合式文具大受欢迎，不但中小学生喜欢，而且机关和企业的办公人员、工程技术人员也纷纷购买。尽管这套组合文具的价格比该套组合文具单个出售的价格总和高数倍，但依然畅销。

减震高跟鞋的尖细的金属高跟中间装有一段弹簧，高跟鞋底内的装置可根据承受的体重调整弹簧硬度，这样就很好地缓解了脚和腿部的疲劳，如图 5-34 所示。

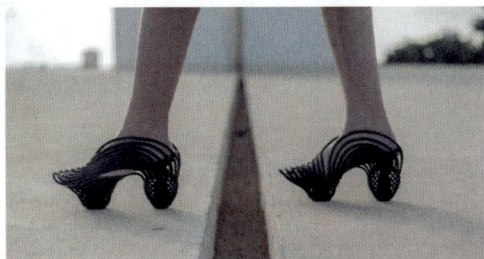

图 5-34　减震高跟鞋

生活中事物的形态可以简化成多种几何形态，例如，图 5-35 所示的物体都可以看作方与圆的组合。

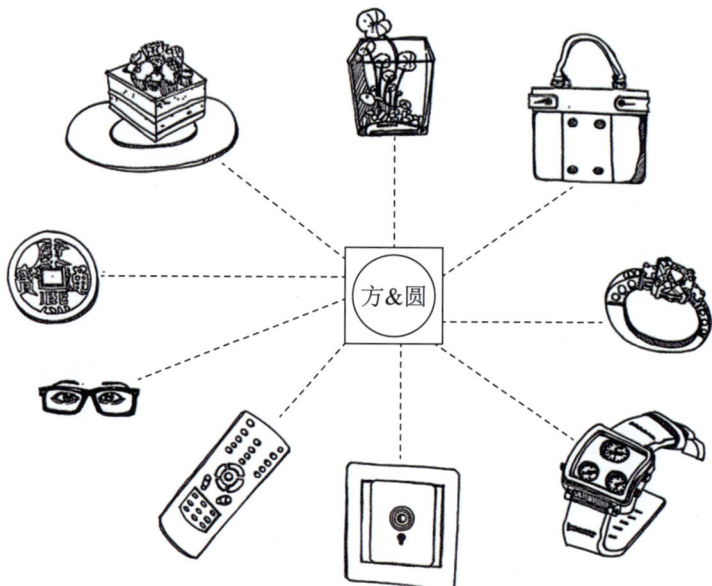

图 5-35　方与圆的组合

2. 异类组合

异类组合在生活中很常见，例如，玻璃纤维中加塑料就变成了玻璃钢，钢材加塑料就变成了塑钢。在现行的纯红或纯绿的灯中加入一些白色的有规则形状的图形，例如，在红色圆形中间加入一条横着的白杠，在绿色圆形中间加入一条竖着的白杠，以此来让色盲者进行识别。现在的交通灯都是红绿色，而那些有色盲的人不能分辨出这两种颜色，这就给他们的生活带来了极大的不便。色盲友好型红绿灯巧妙地融合异类设计元素，为色彩辨识障碍者点亮安全通行的新绿灯。

3. 重组组合

奥运五环与中国传统女子的辫子巧妙地结合起来，充满着激情和活力，升华了奥运精神，其承载着凝重的中华文化传统和激越的奥林匹克精神，彰显着现代的审美观念和昂扬的时代激情，如图 5-36 所示。

青花瓷礼服的设计灵感来源于中国最经典和最具代表性的古典瓷器——青花瓷。青花造型雅致，但是色彩强烈，像一幅典雅的中国画，

图 5-36　北京奥运招贴

极具民族风情。托盘手服装、嘉宾及运动员引导服装三件礼服分别在胸前、腰间、裙摆处绣上青花瓷元素图案，形成一个系列，变化中寻求趋同，营造不同的视觉中心，将东方女性婀娜的身姿表现得淋漓尽致，如图 5-37 所示。

图 5-37　青花瓷礼服

4. 概念组合

绿色通道、阳光工程、希望工程、音乐餐厅等都属于概念组合。

5. 共享与补充代替组合

银行卡代替存折、微信和支付宝代替现金支付、电池的型号能适应各种需要、充电宝适应不同品牌的手机等都属于共享与补充代替组合。

5.2　文 字 游 戏

观看视频

文字游戏是指从语言学和符号学的角度介入思维的理解，从概念的推移、所指和能指等方面结合造字。对文字自身的改造使人陌生和疏离，但是对文章组合的解释可以让人觉得有趣。从汉字设计中探索其中折射出来的思维方式是一件富于乐趣的事。

5.2.1　造字

在以艺术而不是实用为目的的文字设计中，文字和语言若即若离。汉字在与语言的匹配过程中仍具有汉字的魅力。可以采用假借字和多字组合的方式，也可以采用象形字的方式进行造字，如图 5-38 所示。

图 5-38　造字（周至禹）

纸团

图 5-38 （续）

5.2.2 成语表达

可以用图形来表达成语的含义，每个人的阅历不同，所绘制的图形也不同。所选择的成语最好能够含有反义词，那么设计的图形将更有意味，如图 5-39 所示。

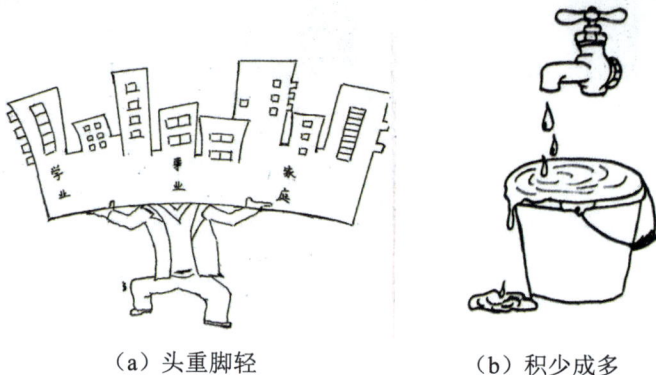

（a）头重脚轻　　　　　　　　（b）积少成多

图 5-39　成语表达

课堂练习：

（1）内容：观察揉皱的一团纸或一个剥开的橘子皮，进行联想。

（2）要求：学生按人数进行小组组合，每人各自确定描述事物（动物或植物）地点、动作及动作的词语，将这些词语放在不同的盒子里，随机合成一句话，然后根据这句话形成画面，并添加更具有形象感的主语、宾语。例如，大象在树叶上羞答答地做广播体操，皮卡丘在灯泡里美美地吃饭，等等。

注意事项：不要随便对教师和学生进行调侃。

5.3　设计实践与思考

（1）你离创意还有多远。

"你离创意还有多远"是 EPA 设计与艺术学院的广告，获得 2009 年戛纳创意节平面类金狮奖和 One Show 国际创意节户外类铜铅笔奖。该广告鼓励人们利用等餐、等车等无聊时间进行小设计，在原图的基础上加两笔变成了剪刀、蝴蝶、小树枝等，坚持有空就来加两笔，如图 5-40 所示。

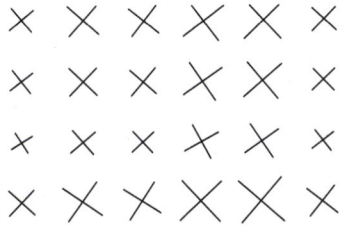

图 5-40　你离创意还有多远

（2）对可乐瓶的用途进行发散思维练习。

这个练习可以参考如图 5-41 所示的可乐瓶的猜想（蜘蛛图式），也可以参考如图 5-41 所示的矿泉水瓶的用途。除了矿泉水瓶外，牙签、石头、书本等都可以作为练习的载体。

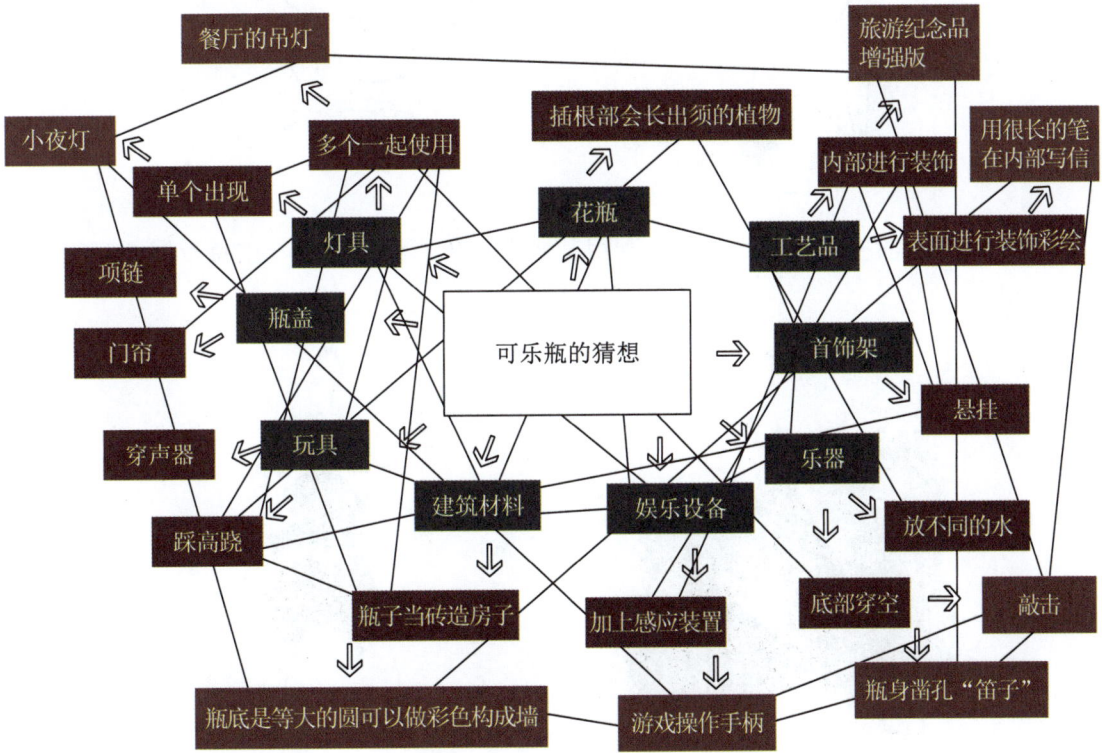

图 5-41　可乐瓶的猜想

（3）指纹联想。

观察指纹后进行联想，从微观或宏观、具象或抽象的角度考虑，先用文字记录，然后用图形表现，如图 5-42 所示。

图 5-42　指纹联想

图 5-42 （续）

（4）观察生活中的一些小物件，利用其肌理、色彩或外形的一些特点展开联想，如图 5-43 所示。

图 5-43 物的联想

图 5-43 （续）

（5）对"打"字进行联想。

（6）用图形表达含有反义词的成语。

5.4　本章小结

本章主要讲述 5 种加法思维的训练方法。

本章重点是熟练运用 5 种加法思维方法。

5.5　课后作业

1. 复习本章重点内容，掌握要点知识。

2. 作业：

（1）对 26 个字母进行联想。

（2）对隔离墩进行图形设计或对苹果进行图形设计。

3. 交作业时间：下一次课。

4. 交作业内容：设计图稿（不得小于 A4 大小）。

观看视频

第 6 章　设计中的减法思维

　　设计中的减法思维是一种在创作过程中刻意去除多余元素以凸显核心价值和功能的思考方式。与加法思维相对，减法思维强调"少即是多"的理念，通过简化设计元素、去除不必要的装饰和功能，使设计更加简洁、高效和易用。在产品设计中，减法思维可以帮助设计者聚焦用户体验，突出产品的主要特性，提升产品的实用性和美观性。在界面设计中，减法思维有助于减少用户的认知负荷，提高界面的直观性和操作效率。减法思维并不意味着简单化或忽视细节，而是在深入理解用户需求和场景的基础上，对设计进行精准而细致的打磨。

设计思维是 1-1<1。设计思维中的 "1-1<1" 体现的是一种合作与共享的哲学。在设计思维中，它表达的是协同合作所带来的增值效应。意思是，当个体或团队进行合作时，通过分享知识、技能和经验，可以产生比单独工作更大的价值。这种思维方式鼓励跨界合作，将不同领域的专长结合起来，以创新的方法解决问题。

设计思维是减 "1" 点。设计思维中的减 "1" 点策略，是指在设计过程中刻意去掉一些非核心的元素或功能，以简化产品或服务，提升其本质和效率。这种减法思维要求设计者审视每一个设计元素，确保它们对于满足用户需求和提升体验都是必要的，避免过度设计和功能冗余。通过精简设计，可以凸显产品的关键特性，提升用户的使用便利性和产品的美学价值。

1. 鸭嘴海绵洗碗布

海绵洗碗布是必备的刷碗利器，但韩国设计师 Yoon Naera 觉得长方体洗碗布还不够方便，于是对其进行了简单改造：把黄色海绵部分挖去一块，然后用绿色的硬质丝网填充，形成一个鸭嘴造型，这样就可以把杯壁、碗口、盘子、餐具等放到鸭嘴里，使用起来更加方便、快捷，省得将海绵布折起来用。海绵洗碗布仅减了一点点，使用就方便多了，如图 6-1 所示。

图 6-1　鸭嘴海绵洗碗布

2. 斜面胶棒

由 Hansol Ha & Ro Heshun 设计的斜面胶棒与普通胶棒相比，其平角的尖端变成了斜面，类似口红设计，在使用时不会阻挡使用者的视线，更容易看到粘贴的路径，小思维大创意。它是 2012 年工业计大赛的红点奖设计的获奖作品，如图 6-2 所示。

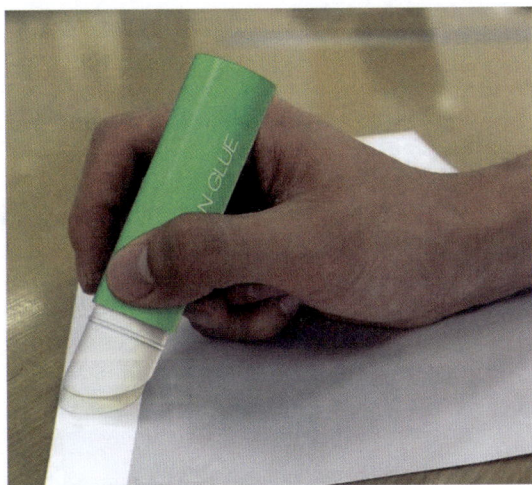
图 6-2　斜面胶棒

129

6.1　什么是减法思维模式

模式设计的创造性最直接的表现是在发散性上，即需要不断地做加法思维，但是创造性活动并非只有加法思维才能完成，用减法思维也能达到同样的效果。当思维方式加到一定程度时，必须换一种思路，也就是需要做减法了。

减法思维模式就是将人们在现实生活中看到的烦琐、复杂、具象的事物，通过提炼与重构、去繁就简，大胆而又不违背审美法则地加以抽象和简化，从而达到一种简单却能带给人们全新感受或体验的效果，如图6-3所示。

图6-3　减法思维模式

加法思维是从一到多，而减法思维是从多到一，因减少而丰富是减法思维的要义。创造性的产物往往是加法思维和减法思维共同发挥作用的结果。

6.2　删　繁　就　简

删繁就简不是把问题粗暴地简单化，而是认真地去除一些不必要的信息，找到解决问题的根本。

案例6-1：哪组先到小岛。

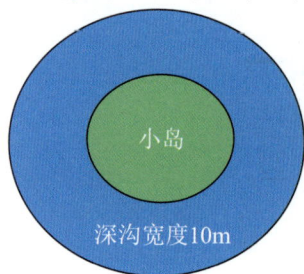

图6-4　哪组先到小岛

哪组先到小岛？试验的结果是A组解决问题的时间比B组快。A组：两根长度为9.9m的木板。B组：两根长度为9.9m的木板、20m长的绳子、两块各20kg的大石头及几根钉子和铁锤。请问哪一组队员先想出办法渡过深沟到达小岛？如图6-4所示。

为什么B组会慢呢？就掌握的信息而言B组应该更多，但恰恰是信息太多导致B组不能很快地进入主题，从而不能在第一时间去发现和利用关键要素。有时对于解决问题而言，并不是信息越多越好，无关的信息应当是越少越好，较多的信息则就成了干扰因素。要想有效地到达目标，就必须学会删繁就简。因为除了不必要的信息，问题的本质就暴露出来了，从而更加容易解决问题。

案例 6-2：为什么出现裂纹。

美国首都华盛顿广场的杰斐逊纪念馆年代久远，建筑物表面出现了裂纹。这让政府非常担忧，就派专家调查原因。调查结果是天天冲洗墙壁的清洁剂对墙壁有腐蚀作用，造成建筑表面开裂，原因如图 6-5 所示。

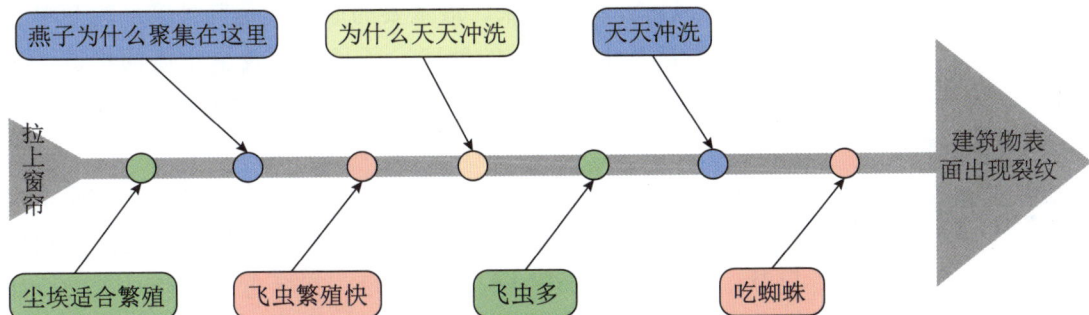

图 6-5 为什么出现裂纹

其解决办法就是拉上窗帘，就是这么简单。生活中许多看似复杂、烦琐、深奥的问题，追本溯源，都可以用最简单、最基本的方法解决，就像"拉上窗帘"那样轻而易举，关键的思维方式就是删繁就简。

6.2.1　奥卡姆思维——舍弃

奥卡姆思维的精髓就是舍弃一切复杂的表象，直指问题的本质。如图 6-6 所示的瓶子是 1915 年问世的可口可乐瓶子，是不是造型很特别，很让人过目难忘呢？当时可口可乐大获成功确实与瓶子的独特造型密切相关，那么这个瓶子是如何设计出来的？设计者路透久别的女朋友来看他，那天她穿着流行的紧身裙，线条流畅，真是美极了。这种裙子强调了人体的线条美。约会归来后，路透突发奇想：为什么不将又笨又重的可口可乐瓶设计成这种紧身裙的样式呢？于是，他迅速按照裙子的样式制作了一个瓶子的样品，如图 6-6 所示。

图 6-6　经典可乐瓶

6.2.2 费米思维——简单

费米思维指认清事物的发展过程及事物间的联系，运用已知的、简单的知识，把复杂的问题划分为小问题来逐个解决。掌握并运用好这种思维方式，将有助于人们正确地分析问题、解决问题、制定工作方案和完成任务。费米思维方式惊人地简单，但却极富生活逻辑，这是一种最优化的思维方式。

1. 简单是一种生存法则

古埃及金字塔之所以能历经风雨而保存下来，最重要的原因就是其外部结构简单且

图 6-7 鸿星尔克标志

稳定。不管是永恒宇宙的秩序，还是古埃及金字塔的构造、人与人之间的关系，都在奉行一个亘古不变的原则——简单。简单不仅是一种幽默，更是一种无声的律令，是一种如"鸿星尔克标志"般简洁明快的思想，具有植入心灵的力量。鸿星尔克不仅仅是国货之星，在 2021 年河南特大洪水中更是凭借一己之力捐出巨款，这种品牌的精神价值得学习。其标志造型简洁有力，如图 6-7 所示。

案例 6-3： 如何弄清楚机器线管的出口和入口。

下面来看看找机器线管的出口和入口的故事，如图 6-8 所示。

已知条件和要求：

- 没有图纸；
- 由 100 根弯管组成的复杂结构；
- 时间必须短；
- 花费必须少。

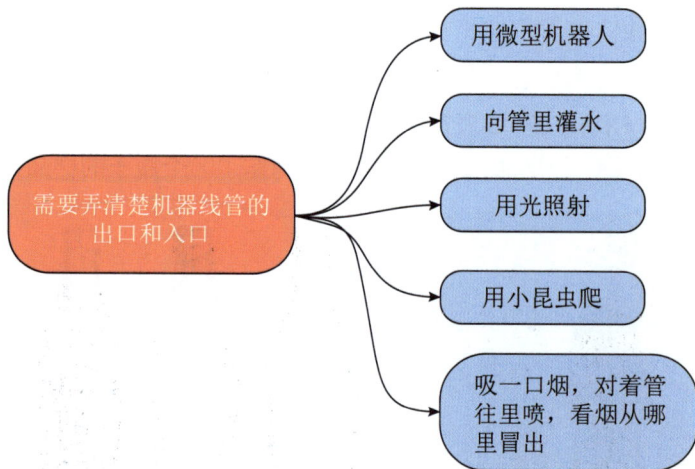

图 6-8 如何弄清楚机器线管的出口和入口

20 世纪 50 年代初期，我国某大学一个研究室遇上一件麻烦事：他们需要弄清楚一台进口机器的内部构造，可是却没有任何的图纸资料可以查阅，只知道这台机器里有一个由

100 根弯管组成的固定结构。弄清其中每根弯管各自的入口与出口是一件很难的事情。研究室负责人当即召集有关人员攻关。他提出完成这一重要任务，时间上既不能拖得很久，费用支出上不能太多。他希望大家广开思路，不管是洋措施还是土法子，不但要省钱省时，还要简便易行。

参与此事的人纷纷开动脑筋，分别提出了自己的奇思妙想，如往每根弯管内灌水、用光照射等。有的人甚至还提出让小蚂蚁之类的小昆虫去钻一根一根的弯管。大家提出的办法虽然都是可行的，但都很麻烦，要花的时间和付出的代价也不少。

后来，这所学校的一个老花工提出，只要两支记号笔和几支香烟就行了。他提出的做法为：一个人点燃香烟，大大吸上一口，然后对着管口往里喷，喷的时候在管子的入口处写上"1"；另一个人站在管子的另一头，见烟从哪一根管子冒出来，便立刻也写上"1"。其他的管子也都照此法办理，不到两个小时，100 根弯管的出口和入口就都弄清楚了。最简单的办法往往也是最合理的。

2. 简单是一种生存态度

曾经有一对父子在小镇开了一间药店。父亲给人看病，儿子负责称中药和卖中西成药。儿子很厚道，而且是个新手。他从不像一些小子那样在秤杆上大做文章，他只是称足分量，该磨碎的磨碎，该切片的切片，有些变质的药宁愿扔掉也不给病人，即使大部分患者根本看不出有些均已变质。小伙子就这样本分，按要求把每剂药处理得妥妥当当。刚开始时，药店的生意跟其他药店差不多。有人说小伙子太厚道，不是做生意的料；还有人"好心"地教了他一个诀窍：贵药少称，便宜的药多称，混合后重量不变。小伙子听罢不为所动，淡淡一笑说："药的分量不够哪能治好病呢？况且说是父亲开的药方，这不是给他的医术打折扣吗？咱做生意可不能昧良心。"小伙子就这样踏踏实实地履行着自己的诺言。3 个月后，很多人都说他父亲医术高明，以前在别处需要看几次好的病，在这里看一次就好了。于是，找他父亲看病的人也明显多起来了，药店的生意也一天比一天红火，如图 6-9 所示。

图 6-9　开药铺的故事

从某种意义上讲，做生意的最高境界是做人，做人的最高境界是诚实，这恰恰应验了中国一句古语——厚道即精明。最简单的厚道打败了最复杂的算计。

6.2.3　拉哥尼亚思维——简练

简练才是真正的丰富，只有最简单的东西才具有最大的孕育性和想象空间，也最符合拉哥尼亚思维法则。

案例 6-4： 假如——言简意赅。

拉哥尼亚（Laconia）是古希腊南部的一个王国。传说公元 4 世纪，所向披靡的马其顿国王腓力二世向拉哥尼亚都城斯巴达发起猛攻，并给被困的城邦国王送去一封信，咄咄逼人地威胁说 "If we capture your city，we will burn it to the ground"（假如我们攻占城池，必将它夷为平地）。没过多久，腓力二世收到回信，上面只有一个词：If（假如）。所有人都知道后来发生了什么。直到今天，才有了广泛使用的一个形容词——Laconia，词义是言简意赅。凡是达到这种境界的思维就被称为拉哥尼亚思维。

这就是简单化思维所应达到的境界，即最简练的形式表达了最丰富的内容，如图 6-10 所示。

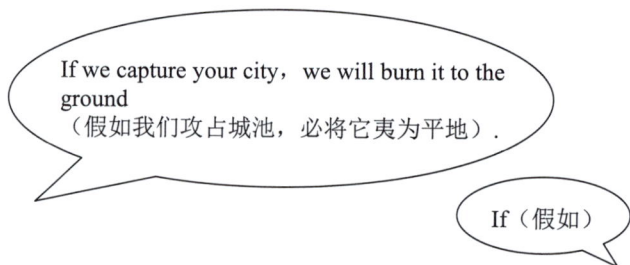

图 6-10　If（假如）

案例 6-5： 店铺的名称。

英国盛产绅士，绅士对礼帽尤为讲究。从前在伦敦有一家新开业的帽子专卖店，老板为了吸引顾客的眼球，特在店门口支起一块大招牌，写着"本店专卖帽子"六个字。有位顾客见了这块招牌，就告诉老板："你这招牌太哆嗦。""不吝赐教。"老板倒也十分谦虚。"这招牌就支在你家店门前，你写'本店'二字，岂不是多此一举？"老板听了，甚觉有理，于是当场就拿下那二字，只剩下"专卖帽子"四个字，这样招牌就显得醒目些了。另一位顾客见了新招牌，也不满意，他说："画蛇添足呀。""此话怎讲？"老板毕恭毕敬。"你如果去掉'专卖'二字，不就更专一了吗？"那人说。老板一琢磨，恍然大悟："对啊！"于是，他又拿掉"专卖"二字，这招牌就更加显眼了，如图 6-11 所示。

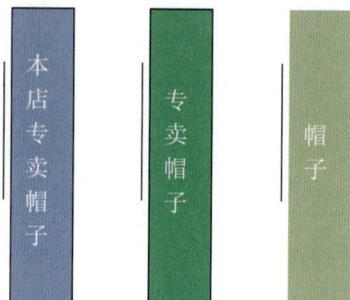

图 6-11　帽子的故事

案例 6-6：无线熨斗的诞生。

日本松下电器公司的熨斗事业部在熨斗生产领域极具权威性。但是在 20 世纪 80 年代，电器市场高饱和，电熨斗也在所难免地面临滞销的厄运。

一天，"熨斗"博士岩见宪把几个不同年龄的家庭主妇请到公司，请她们对松下电熨斗"吹毛求疵"，一位妇女突发奇想："熨斗如果没有电线就方便多了。""妙，无线熨斗。"于是，熨斗事业部马上组成了技术攻关小组。他们最初设计出来的是比较重的带蓄电池的电熨斗，使用起来比较费力。研究发现，妇女并不是一直拿着熨斗熨衣服，而是经常把熨斗竖起来放在一边，调整好衣物后再熨。于是，松下电器公司修改了蓄电方法，设计了蓄电槽，每次熨完衣服后可以把熨斗放进蓄电槽内蓄电，只要 8 秒就可以充足电，熨斗的重量也大大减轻了。为安全起见，蓄电槽里还装有自动断电系统。于是，新型无线熨斗终于向顾客亮相了，并成为日本当年最畅销的产品，如图 6-12 所示。

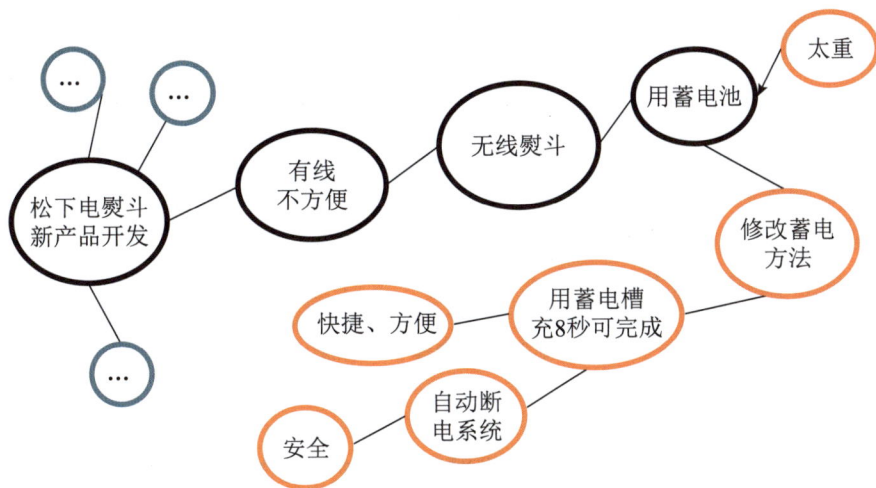

图 6-12　无线熨斗的诞生

6.2.4　洛克菲勒思维

洛克菲勒思维是一种以目标为导向的思维方式，强调制订清晰的目标和计划，并坚持不懈地追求成功。这种思维方式注重细节和执行力，同时也注重长期规划和战略思考。

案例 6-7：货款 1 美元的故事。

一天，一位衣着体面的先生走进一家银行，来到贵宾室，大模大样地坐下来。"请问先生，您有什么事情需要我们效劳吗？"这天恰好是银行经理亲自接待，他一边热情招呼，一边上下打量着来客，只见那人的西服是大牌的，皮鞋是高档的，手表很名贵，领带夹上还镶着蓝宝石。

"我想贷点款。"那人说。

"完全可以，您想贷多少呢？"经理笑脸可掬。

"1 美元。"那位先生不动声色地说。"1 美元？"经理惊愕地张大了嘴巴。"我只需要

1 美元。可以吗？”那位先生不卑不亢地说。

经理的脑子立刻高速运转起来：这个人穿戴如此讲究，为什么只借 1 美元呢？他是否在试探我们的工作质量和服务效率？于是，经理便装出高兴的样子说：“当然，只要有担保，无论借多少，我们都可以照办。”

“好吧。”那位先生从豪华的皮包里取出一大堆股票、国债、债券等放在经理的办公桌上说：“这些做担保可以吗？”

经理清点了一下，说：“先生，总共 50 万美元，做担保足够了，不过先生，您真的只借 1 美元吗？”“是的，我只需要 1 美元。”那人面无表情地说。

“好吧，到那边办手续吧。年息为 6%，一年后归还，我们就把这些股票和作保的证券还给您。”经理毕恭毕地说。

那人办理完手续就准备离去。经理觉得这人很奇怪，问道：“对不起先生，可以问您一个问题吗？我实在弄不懂，你拥有 50 万美元的家当，为什么只借 1 美元？”

“好吧，既然你如此热情，我不妨把实情告诉你。我到这儿来，是想办一件事情，可是随身携带的这些票券很碍事，我问过几家金库，他们的保险箱的租金都很昂贵，我知道贵行的安保很好，所以就将这些东西以担保的形式寄存在贵行了，由你替我保管，我还有什么不放心呢？况且利息很便宜，存一年才不过 6 美分。”经理恍然大悟，他十分钦佩这位先生的做法，这位先生就是大名鼎鼎的美国大企业家洛克菲勒。时时求主动，处处占先机，以最小的代价求得利益最大化，这就是洛克菲勒思维的主旨，如图 6-13 所示。

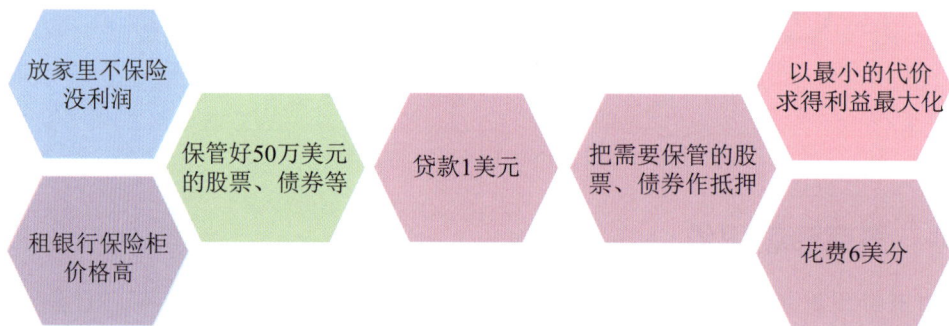

图 6-13　货款 1 美元的故事

案例 6-8：曲别针的故事。

整个事情的经过是这样的：最初，这个颇有想法的小伙子将买到的一支超人号曲别针经过美化后，通过互联网从欧洲的一位小姐手中换来了一支钢笔；然后他又用这支钢笔在网上换来价值更大一点儿的东西……如此不断运作，手中握有的筹码不断增大。到后期，他将一位作曲家新写的一首歌弄到手，不久，他在网上遇到一位寻求好曲子的歌手，那急于成名的歌手就用他的别墅跟这位挺能折腾的小伙子达成一笔交易，如图 6-14 所示。

美化后曲别针　　　　　　　　　　　钢笔

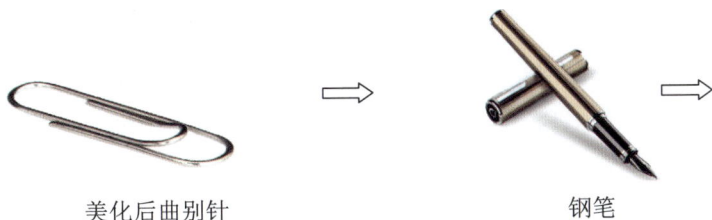

作曲家的新歌　　　　　　　　　　　别墅

图 6-14　曲别针的故事

6.3　少就是多

观看视频

少就是多，简洁就是丰富。减法思维的精髓是在舍弃中获得更大的利益。一张方桌去掉 4 个角得到 8 个角，如图 6-15 所示。

少就是多的含义可以很轻易地从中国的传统美学中品味出来：国画大师最有意境的东西往往不是涂满笔墨的画卷，而是那一大片留白之中最醒目的几笔。

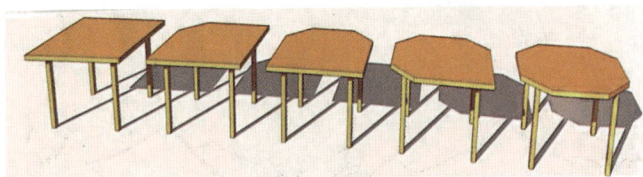

图 6-15　去掉 4 个角得到 8 个角

6.3.1　中国传统审美艺术

中国传统审美艺术讲究意境与韵味，追求自然和谐之美，强调"中和""含蓄"的美学特质，体现在绘画、诗词、园林等多个领域。中国画注重留白，以墨为主，强调写意而非写实；诗词则寓情于景，追求意境的深远；园林设计强调曲折变化，与自然景观和谐统一。这种审美艺术不仅反映了中国人对自然和谐的追求，也体现了深厚的文化底蕴和哲学思想。

1. 水墨画

当人们欣赏中国水墨画时，在画面进入视野的一瞬间，最夺目的应该是画面上黑白对比度最强、最醒目的部位。这一瞬间的感觉虽然短暂却十分清晰。这是人们对画面留白的客观视觉感受。中国的古人科学地运用了这一视觉效应。在水墨画创作中，他们把画面上的留白作为水墨画的营造对象，使之成为画面意境的重要元素，留给人们无限想象的空间。图 6-16 所示为吴冠中的系列作品，作者寥寥数笔就把江南水乡的意境表达得淋漓尽致。

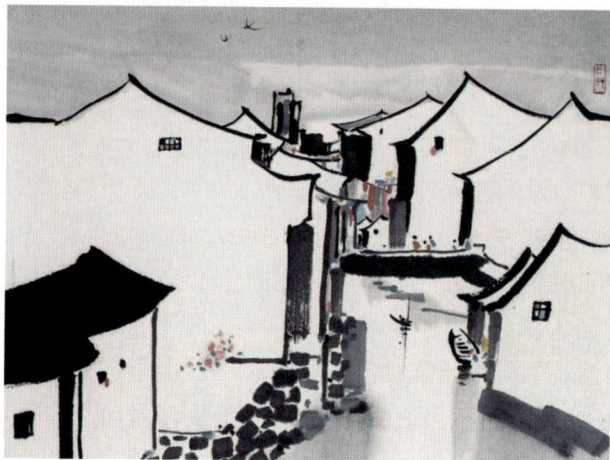

图 6-16　吴冠中作品

2. 素雅、禅意家具

素雅、禅意家具体现出追求生活形态的简单朴素，以及物品的雅致、朴素和实用精神，倡导设计应回归自然，注重物品的朴素之美，传达态度，推动改变，让心灵找到久违的自由，如图 6-17 所示。

家具设计中的白描只勾画轮廓，以最简单、最精练的方式呈现高低错落有序的房屋，阐述余白之美。

图 6-17　禅意家具设计

3. 中国传统插花的意境

中国传统插花艺术借用寥寥几根树枝或花枝就能表达出东方人悠闲和悠然的意境，以少胜多，成为集诗、书、画、文学等艺术形式之大成的综合体，洋溢着满满的诗情画意，如图 6-18 所示。

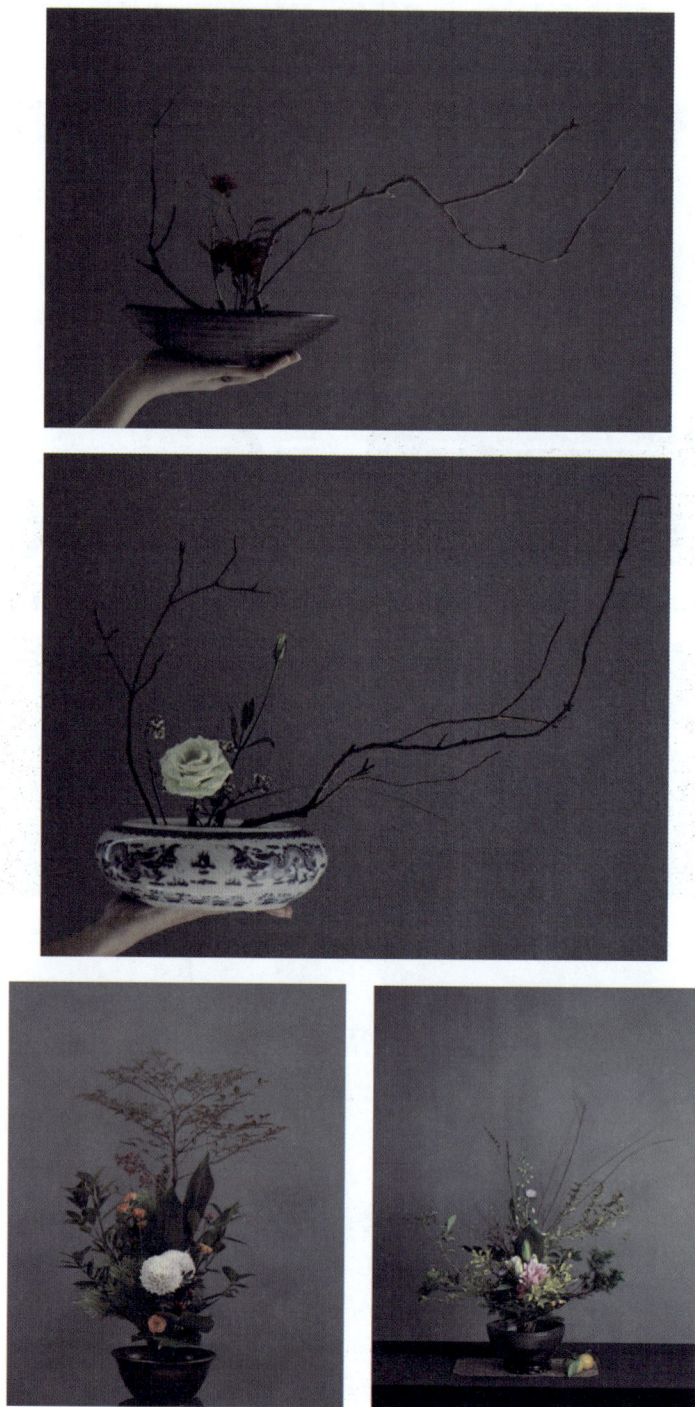

图 6-18　插花作品

图 6-18　（续）

6.3.2　少就是多的应用

少就是多的应用在设计领域尤为明显。这种理念强调在设计中去掉不必要的元素，只保留核心和关键的内容，从而实现简洁、高效和易用的设计。通过减少设计元素的数量和种类，可以降低用户的认知负荷，提高产品的易用性和直观性。同时，这种设计也更具美感和现代感，能够更好地吸引用户的注意力和使用兴趣。

1. 密斯的建筑

密斯的建筑艺术依赖于结构，但不受结构的限制，它从结构中产生，反过来又要求精心制作结构。他的设计作品中的各个细节精简到不可精简的绝对境界，不少作品的结构几乎完全暴露，但是它们高贵、雅致，已使结构本身升华为建筑艺术。克朗楼表现出了德国人的严谨与理性，如图 6-19 所示。少绝不是空白，而是精简；多也绝不是拥挤，而是完美和开放性的空间。

图 6-19　克朗楼（密斯·范·德·罗，德国）

2. 极简主义艺术流派海报

法国平面设计师欧塔曼·阿马侯（Outman Amahou）的极简主义艺术流派海报，通过简洁且具有代表性的标识呈现出各种艺术流派的特征与精髓，如图 6-20 ～图 6-23 所示。

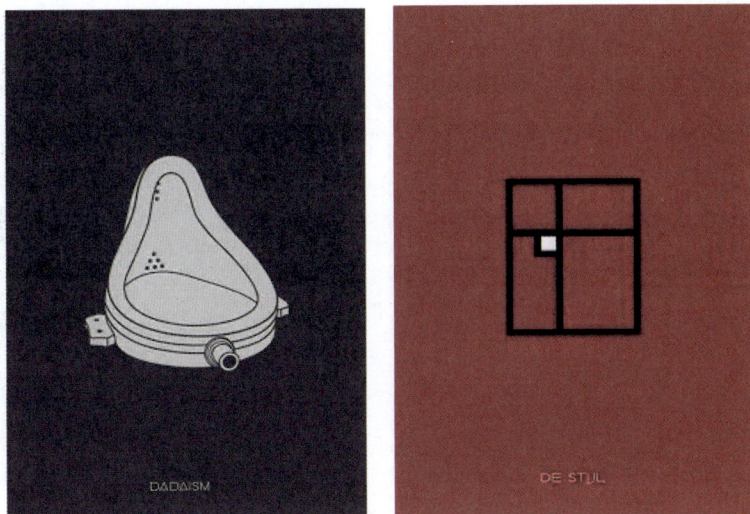

图 6-20 达达主义和风格派

图 6-21 波普艺术和抽象艺术

图 6-22 表现主义和超现实

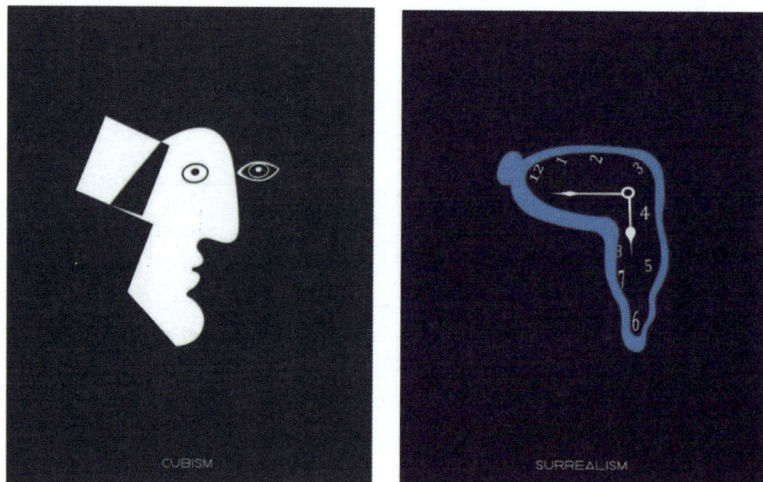

图 6-23　立体主义和超现实主义

6.3.3　减后再拓展

精简使元素更为简练和精致。精简不是简单化，而是对元素的条理化和简洁化，使形态更加简约、形象更加鲜明。

影绘指对形象轮廓和光影进行高度归纳和提炼，简洁明快的画面和图底的黑白高反差使观者形成强烈的视觉冲击，而隐藏在黑影白底中的图像细节产生的不确定性与神秘感，又需要观众根据自己的阅历、知识结构和审美情趣进行想象和补充，于是就使观众有了参与感，产生了审美愉悦。因此，影绘艺术具有区别于其他艺术形式的强烈魅力。图 6-24～图 6-27 所示作品都选自叶苹的《凝练与拓展》一书。图 6-27 就是把雕的形象进行影绘后再对其进行点、线、面的补充，把事物减了再加。

图 6-24　影绘

图 6-25　点的拓展

图 6-26　线的拓展

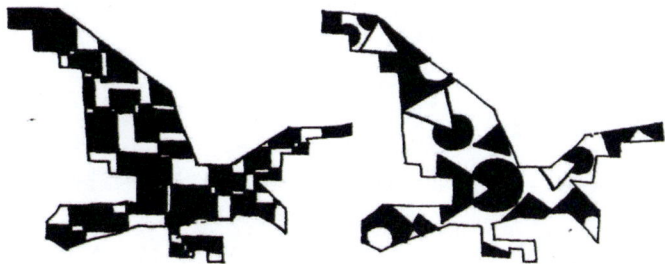

图 6-27　面的拓展

秋千是儿时的最爱，回忆起童年的乐趣哪能少得了摇晃的秋千？如图 6-28 所示。

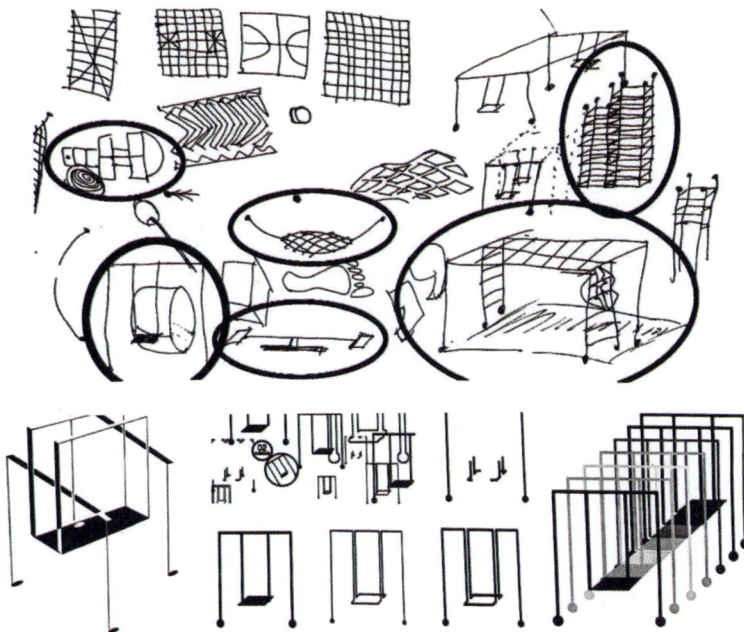

图 6-28　"摇摇晃晃"

观看视频

6.4　设计实践与思考

1. 提炼耳机造型图案并以此为元素进行图形设计。
2. 用最少的笔墨描绘好朋友的画像。

6.5　本章小结

本章主要讲述减法思维——删繁就简，复杂问题简单化，学会筛选有用的信息。

本章重点是理解并掌握学会筛选有用的信息，弄清楚需要解决问题的本质。

6.6　课后作业

1. 复习本章重点内容，掌握要点知识。

2. 作业：在身边搜集不同种类的物品 4 个，运用减法思维进行图形提炼再设计，并写出探析感想。

3. 交作业时间：下一次课。

4. 交作业内容：设计图稿（不得小于 A4 大小）。

[1] 陈楠．设计思维与方法 [M]．北京：中国青年出版社，2021．

[2] 孙虹霞．设计思维与方法 [M]．北京：北京大学出版社，2022．

[3] 鲁道夫·阿恩海姆．视觉思维（35 周年纪念版）[M]．滕守尧，译．成都：四川人民出版社，2019．

[4] 朱书华．设计思维方法与表达 [M]．合肥：安徽美术出版社，2017．

[5] 芦影．视觉思维与设计创意 [M]．北京：中国传媒大学出版社，2012．

[6] 陈茉．思维的碰撞：视觉传达设计与创意表现 [M]．北京：中国水利水电出版社，2020．

[7] 范寅良．设计思维基础 [M]．北京：中国轻工业出版社，2021．

[8] 刘静伟．设计思维 [M]．北京：化学工业出版社，2018．

[9] 郭雅倩，裴琳．冀彩唐纹非遗图案再设计 [J]．印染，2024，50（12）：彩 32．

[10] 刘宏芹，杨宇．北齐遗韵——响堂山石窟系列文创设计作品 [J]．丝绸，2025，63（1）：133．

[11] 刘宏芹，何冰鑫．芳茗入锦系列文创设计作品 [J]．丝绸，2024，61（11）：155．

[12] 刘宏芹，张晗颖．梨汁梨味包装设计 [J]．上海纺织科技，2022，50（1）：102．